神の国を生きる

キリスト教生活共同体の歴史

後藤敏夫［著］

いのちのことば社

わたしは裸の丘に川を開く。
平地のただ中には泉を。
荒野を水のある沢とし、
砂漠の地を水の源とする。
わたしは荒野に、杉、アカシヤ、
ミルトス、オリーブの木を植え、
荒れ地に、もみの木、
すずかけの木、檜をともに植える。
それは、主の手がこれを行い、
イスラエルの聖なる者がこれを創造したことを、
彼らが見て知り、
心に留めて、ともに悟るためである。

イザヤ書41章18〜20節

はじめに

キリスト教会の歴史において、その時代に主流をなす制度的教会が宗教化・世俗化して閉塞したとき、神は社会の荒野に預言者を立て、神の国を生きる共同体を興すことを繰り返して来られました。

これからそのような「キリスト教生活共同体の歴史」を辿ってみたいと思います。この歴史の旅の目的は、時代の断層を貫いて流れる霊の地下水につながる生活共同体を通して、神が人類の歴史になさっている贖いのみわざを見定めながら、私たちが「異なる者がキリストにあって互いに愛し合ってひとつになる」という神の創造目的に生きる信仰と知恵を学ぶことにあります。

その目的のために、世界に広がる神の民の歴史に生まれた生活共同体を紹介していきたいのですが、その前に聖書に啓示された天地創造から新天新地に至る人類の歴史に幾つか大切な信仰の柱を立てて、そこに開かれた窓から、今というこの時代に信仰者が生きる意義とその使命を、聖書的ビジョンの光に照らして考えてみたいと思います。

プロテスタント教会の起点となった宗教改革運動がそうであったように、時代の沙漠に湧き出る泉のような生活共同体も、しばしば主流の教会からは異端視されました。しかし、その泉につながる霊の地下水から汲んで飲もうとすれば、ルターやカルヴァンといった偉大な改革者に結びつく運動も、決して個人によって突然生じたものでも、またある地域の特定の集団によるものでもないことに本書の読者は気づくはずです。

本書を読んでくださる方々が、キリスト教生活共同体を自分とは関わりのない生活形態として特殊化することなく、神がこの歴史に何をしておられるか、読者の皆さんが属する地域教会に神がこの時代に何を望んでおられるかを考えていただければ嬉しいです。

二〇二一年九月

後藤　敏夫

もくじ

【聖書編】

第1章　エデンの園における共同生活——聖書の人間観と創造の目的

「キリスト教生活共同体の歴史」聖書編の第一回として、「エデンの園における共同生活」をテーマに、聖書の人間観と創造の目的について考えながら、「今日におけるエデンの園」としての共同体の使命を考えてみます。

I　聖書の人間観——交わりに生きる者として造られた人間

聖書の人間観を考える際に最も重要なのは、創世記1章27節のみことばです。「神は人をご自身のかたちとして創造された。神のかたちとして人を創造し、男と女に彼らを創造された。」

人間――互いに愛し合う交わりに生きる者

神は「生きるいのちのあるもの」（１・30）の中で、人間だけを「神のかたちとして」造られました。「神のかたち」は、本質的な内面から見れば、神が造られた「生きもの」のうちで、人間だけが愛をもって神と交わるものとして造られたことに関わっています。そして人間だけが御父・御子・御霊の三位一体の神の永遠の愛の交わりを映して、男と女が、人と人が、互いに愛し合ってひとつに生きるように造られました。

「神は霊」（ヨハネ４・24）であり、人間のような身体を持たれませんが、男と女という私たちの性も、男女の性的な交わりも「神のかたち」と深い関わりがあります。私たちは、心と身体と霊で愛し合うことによって、目に見えない神の愛を表すように造られました。新約聖書に、人となられた「御子は、見えない神のかたち」（コロサイ１・15）であり、イエスご自身が「わたしを見た人は、父を見た」（ヨハネ14・９）と言われているように。聖書的に言えば、結婚という愛の交わりは祝福された「神のかたち」であり、ただ自分たちだけの喜びのためにあるのではなく、一体とされた男女が世に開かれ、仕えるためのものです。マザー・テレサのような独身者は、ひとりの男性に対してではなく、より大きな人の交わりにおいて彼女の性を生きているのです。

漢字でも「人」という字は二人が支え合うかたちで、「人間」も「じんかん」と読み「人の世」を表しますが、聖書の人間観では、「人」はひとりの人格（個人）であると同時に、互いに連帯したひとつの人格（共同体）でもあります。聖書は、西欧の個人主義という眼鏡を通して読まれがちですが、「人」は個人であると同時に連帯的な人格（愛し合う交わり）でもあるという人間観は聖書全体の正しい理解のためにきわめて重要です。

人間――被造世界を管理する者

人間が「神のかたちに」造られた意味を、創世記1章27節の前後の文脈で考えれば、地上における神の代理人として、神様のみこころに従って、地を従わせ、生き物を支配するという役割が人間に与えられたということが読み取れます（28節）。人間には、自分たちが住む家である自然環境を管理する責任が与えられています。新約聖書でパウロは「私たちは神の作品であって、良い行いをするためにキリスト・イエスにあって造られたのです」（エペソ2・10）と言いますが、その「良い行い」とは、地を管理することを含めて、「神の作品」（神のかたち）としての人間に託されたすべての務めです。

Ⅱ　エデンの園に置かれた人間――地に仕えて生きる

創世記2章15節で「エデンの園」と呼ばれる楽園は、8節を見ると、エデンと呼ばれるより広い場所の中にあったことが分かります。神様は大地のちりで形造った人（アダム）をエデンに設けた園に置かれました。ここでアダムは最初の男性の名前（固有名詞）ではなく「人」という意味です。「土」（アダマー）から造られたので、「人」（アダム）と呼ばれました。これはただの語呂合わせではなく、人間は「土」から造られ、「土」を耕し、そして、堕落後は「土」に帰る、そういう人間の本質が言われています。後に造られた女を含めて、「人」とは本来みな同じ「土人」（つちびと）で、人種の優劣などありません。

「エデン」は「喜び（歓喜）」や「草原」という意味につなげることもできますが、語源的には「豊かな水の供給のあるところ」という意味です。豊かな水が一つの川としてエデンから――エデンの園からではありません！――流れ出ています。エデンはいのちの川の水源です。その水は園を潤し、園を出口として、そこから分かれて四つの川となって全地に流れ出ています。ここで創世記のメッセージの要点は川がどこにあるかという場所にではなく、その役割にあります。

エデンから出ているのは一つの川です。エデンを水源として豊かに湧き出るその水は、神からの賜物です。水はまずエデンに設けられた園を潤し、そして園から分かれて四つの川となって、いのちを与えるために地の全体に流れて行きます。四という数字は四方、全地を表します。

ここに聖書全体の理解に関わるとても大切なことがあります。創世記はエデンとその園を神殿（聖所）として描いています。エデンは神が臨在なさる至聖所、園はその前庭です。学者たちはエデンの園と後のイスラエルの幕屋や神殿を比較して、幕屋や神殿の原型がエデンと園にあることを明らかにしています。幕屋や神殿に豊かな植物の装飾が施されたのは、そこがエデンの園を映しているからです。創世記1章も、この大宇宙を神様が臨在なさる神殿として描いています。太陽や月を指す「光る物」（1・15、16）は、聖書ではほとんど幕屋（神殿）を照らす燭台に使われる言葉です。

エデンの園は宇宙という大神殿の中にある神殿として描かれています。エデンの園は神が臨在される、神の愛に満ちた場所でした。2章8節に「人を置かれた」とある言葉は、「人を憩わせた」という意味です。人が憩うということは労働がないということではありません。

神である主は人を連れて来て、エデンの園に置き、そこを耕させ、また守らせた。（2・15）

これが神が人間に与えられた使命です。エデンに豊かな水が供給されるのは、人が寝ていても食べられるためではなく、地を耕すためです。その労働は辛苦の糧を食べるためのものではなく、憩いであり、喜びでした。「耕させ」も「守らせ」も、普通、祭司が神殿に仕えることに使われる言葉です。これはとても大事な意味を持っています。アダムは自分の所有地の庭師ではなく、エデンの園を神が臨在なさる聖所として守り、その地に仕える祭司なのです。エデンから流れ出る一つの川が、もし園で濁ったり、枯れたりすれば、園から流れ出る四つの川が世界を潤すことはできません。人の使命は果たされないのです。アダムは祭司のように、とりなすようにして、園の地に仕えて働きます。ピションが巡り流れるハビラの全土には、金やベドラハ（香りの良い松やにのようなものだと言われています）、宝石がありました（２・11、12参照）。みな神殿を飾ったものです。そこは聖所の外の世界です。神は世界の全土に人と礼拝のために豊かな資源を与えておられます。

人が祭司として地に仕え、エデンの水が流れて行くところを耕し、園を広げていく。最初の人間アダムは、「ふさわしい助け手」であるエバとともに、互いに愛し合って神の園で地に仕える祭司でした。最初の男と女にエデンの園を全地に広げるために耕す使命が与えられました。「地に仕える・耕す」ということは、必ずしも農作業のことだけではないでしょう。英語で文化を意味する「カルチャー」という言葉は、「カルティヴェイト」（耕す）という言葉に由来します。神様に与えられたいのちを生きることは、すべてにおいて、仕えること、自分の魂や心を含めて耕すことではないでしょうか。種を蒔き、刈り取るまでは時熟があります。インスタントな耕しはあり得ないのです。

Ⅲ　現代における信仰共同体の使命――いのちの川を世界に流そう

私の学生時代、「近代化の人間的基礎」（大塚久雄）としての「個の確立」ということが盛んに言われました。西欧近代文化の中核にある「個」が確立しないところに、真の意味での民主主義も共同体の形成もありません。内村鑑三の弟子であり無教会のキリスト者であった大塚久雄にとっては、それは戦後日本の歴史的課題であると同時に、福音伝道の課題でもあったはずです。なぜなら、聖書の神を信じることなく、真の意味で人間の尊厳を大切にする「個の確立」はないからです。

しかし、古い共同体が崩壊した日本社会で、「個の確立」などという言葉はもはやうろんに響くほどに、人間が砂漠の砂粒のように渇き切ってバラバラにアトム化しています。その最も顕著なかたちは家庭の崩壊です。今、家族がそろって同じものを食べる家庭がどれだけあるでしょうか。家族がそれぞれ違った時間に、違った場所で、違ったものを食べるという家庭も少なくないようです。個人主義というよりも、ただの自己中心（自己愛）に過ぎない「私主義」

（ミーイズム）が社会をおおっています。お金さえあれば何でも手に入る豊かな社会ですが、何も確かなものはなく、本当の愛と希望はどこにも見出せません。今、日本社会は深く病んでおり、その根本原因がお金を神とする価値観にあることが明らかであるのに、神に立ち返る道を知らない人は、「回復」の道をなお再びのバブル（消費の拡大による景気回復）に追い求めざるを得ず、日本人としての誇りを隣国の人々を排斥する「国体護持」に謳います。私は政治家が公共の善を行うことを祈りますが（Ⅰテモテ２・２参照）、政治も経済も「わざわいの日を遠ざけているつもりで、暴虐の時代を近づけている」（アモス６・３）ように思えてなりません。

よく「なぜ牧師を辞めて、恵泉塾という生活共同体に移られたのですか」と聞かれます。「神様の導きです」と答えるしかありませんが、このように話すこともあります。「四十年ほど前、私が牧師になった頃は、ほとんどのことは善い悪いというモラルで判断できました。しかし今、人間の魂に向き合っていると、いたるところで病んで呻いている傷に出会い、『何もならないから、一緒にご飯を食べるところからやり直そうよ』と言わざるを得ない現実を見せつけられます。ところが、教会という制度や組織が整えば整うほどに、ますますそれが困難になるのです。」こういう言い方は、少し言い訳がましいかもしれません。それがどこであれ、自分に死んでキリストの愛に生きれば、私にもできることがもっとあったはずです。「愛と従順を学ぶために恵泉塾に来ました」と言うべきかもしれません。実際、私は恵泉塾で少しは愛する者に変えられていると思います。

聖書を学び、聖霊の新しい創造に与りながら、最初の人間アダムのように、地に仕え耕す祭司として、今の日本社会に生きづらさを感じている、心に病や障がいを持つ人たちと共に働く信仰の生活共同体。「地に仕え耕す」ということは、人間の魂や心を含めて、生活と仕事のすべての領域において、今のこの世の価値観に対抗する神の国の文化を形成する営みです。つまり新しい人類のかしら、第二のアダムであるイエス・キリストにつながって、この時代に人が互いに愛し合って地に仕える「エデンの園」を回復しようとするのです。それは宣教方策としての目的志向型のものではなく、ただ個々の苦しむ人間との出会いの中で、その人を具体的に愛するために何ができるかを考え、自分を犠牲にして聖霊の導きに従われた過程で形づくられる「神のかたち」であるように私には思われます。

こういうあり方は、時々に新しい宣教方策を追い求めて、人間をも方法論で見ながら、イベントを中心に伝道をしてきた教会のあり方とは大きく異なります。そういういわば消費される伝道を繰り返す中で、教会自体が聖書の福音の本質を見失い、人間中心のこの世の欲望の価値観にのみ込まれながら、それに気づかずにいるのではないでしょうか。二〇一三年、『福音の再発見』（キリスト新聞社）という重要な本が邦訳出版されましたが、その本で著者のスコット・マクナイトは、「現在用いられている『福音』という言葉は、イエスや使徒たちが意味していた本来の福音を、もはや指すものではなくなってしまった」と書いています。この著者によれば、福音とは、ただ「イエスを信じて罪を赦されて天国に行く」ということではなく、私たちが従うべき「王」であるイエスの福音、イスラエルから始まる聖書の物語の中に深く根ざした福音ですが、私がここに述べるキリスト教共同体は、その「イスラエルから始まる聖書の物語」の中にある神の働きです。

預言者エゼキエルは、捕囚の地バビロンで、神殿の敷居の下から湧き上がる水が遠く深く流れて来て、世界を癒やし活かして行く終末の完成の幻を見て、絶望的な現実の中で神の民に希望を告げました。主なる神は預言者を通して、「この川が流れて行くどこででも、……すべてのものが生きる」（エゼキエル47・9）と言われました。新約聖書のヨハネの黙示録22章に新天新地の幻が描かれています。神と小羊の御座からいのちの川が流れ出ています。川の両岸には十二種の実をならせるいのちの木が生えていて、すべての悲しみ、苦しみ、叫びを癒やします。そこで新天新地は大きな立方体として描かれます。新天新地全体が神が臨在なさる至聖所なのです。新天新地は失われたエデンの、もっとはるかに素晴らしい回復であり完成ですが、神の回復のみわざは今すでに私たちが遣わされているところで始まっています。私たちがクリスチャンにされたのは、ただ天国に行くためではなく、砂漠のようなこのエデンの東の世界において、神が最初にお造りになったような人間になるためです。私たち一人ひとりが、キリストにあって互いに愛し合い、造られた者にふさわしい本当に人間らしい人間の交わりとして、全世界にいのちの川の水を流して行く水路になることが、この時代に神から与えられた私たちの使命であり、今日における真の福音伝道です。

神がひとりの苦しむ魂にしておられることと、闇に覆われたこの世界にしておられることとは、同じ絨毯の表と裏です。神はすべての被造物をご自分に回復しようとしておられます。神にはこの闇の世界をひっくり返すことがおできになります。

第2章　イエスと弟子たちの共同生活――神の国の福音と新しい神の民

新約聖書の福音書に記された「神の子、イエス・キリストの福音」(マルコ1・1)を、「異なる者がキリストにあって互いに愛し合ってひとつになる」という神の創造目的の観点から考えてみます。

地上を歩まれた神の御子イエス・キリストの生涯を、私たちの目的から考えるとき、まず次の二点を理解することが重要と思われます。

1　四福音書は、神の国の到来というひとつの福音を証ししており、その福音は神が天地創造の以前に御子において定められたもので(エペソ1・4、5参照)、天地創造とエデンの園、そしてイスラエルの選びに始まる聖書の物語に深く根ざしていること。

2　人となられた神の御子イエス・キリストの生涯は、サタンに惑わされて造り主に背を向けた人類の罪を赦し、まことの主に買い戻す贖いの成就であるとともに、御霊に満たされて御父のみこころを生き、「御子のかたちと同じ姿」(ローマ8・29)となるように神の子とされた者たちの模範であり、その全体が福音であり救いであること。

それでは、イエス・キリストが宣べ伝え(ルカ4・43参照)、世にもたらされた神の国とは何かということから、神がご自身の民と世界を愛するがゆえに、人類の歴史において何をなしておられるかを考えてみます。それは主に贖われた神の民がこの世でどう生きるべきかを考えることでもあります。

I 神の国の到来

地上におけるイエスの言葉とわざにおける宣教は、神の国の告知に始まり(マルコ1・15)、神の国の告知で終わっています(使徒1・3)。それはパウロの宣教の中心使信でもありました(同28・23、31)。

神の国は、マタイの福音書では地上の国の秩序と対比して「天の御国」や「御国」とも呼ばれます。それは、聖霊によって油注がれたメシア(キリスト)である王によって打ち立てられた、父なる神の憐れみによる支配のことです。同じ救いの内実と働きを、ヨハネの福音書は

「永遠のいのち」と呼び、パウロは「聖霊による新しい創造」と語っています。

イエスが宣べ伝えた神の国は、旧約聖書における神の主権的支配とは異なり、人となられた御子において、それまで経験されなかった仕方で人類の歴史に介入して来た、御霊の働きによる御父の恵みの支配です。それはイエスがサタンの支配に勝利されたキリスト（救い主）であることと深く関わっています（ルカ11・20）。

神の国は、神の支配（主権）が及ぶところであり、人が今ここでそこに「入る」ことができる領域ですが（ヨハネ3・5）、今すでに私たちの間にありながら、今の世においてはいまだ「見よ、ここだ」「あそこだ」と特定の場所に限定される見える形では来ていません（ルカ17・20、21）。聖書における神の国（天の御国／天国）は、今の世の、この地上で、御子キリストとともに、御霊によって、私たちの間に働き、やがて新天新地において完成する御父の支配です。

イエスが宣べ伝えられた神の国は、エデンの園やイスラエルに始まる旧約聖書の物語に深く根ざしています。神はアダムとエバによって、エデンの園を世界に広げようとされました。人類の堕罪後も、ノアとその子孫を通して、またアブラハム、イサク、ヤコブを選んで契約の愛（ヘセド）によってご自身の民を形成され、その民を通してご自身の王国を世界に広げようとされました。しかし、主（ヤハウェ）に背を向けた民は、神の愛に背いておごり高ぶり、自分勝手な道を歩み続けました。人となられた神の御子イエス・キリストは、神に完全に従う第二のアダムとして、新しい人類のかしらであり、真のイスラエルの王です。主イエスが十二人の弟子を選んだのは、彼らを新しいイスラエル（神の民）の指導者とするためです。主イエスは、イスラエルの罪の歴史を贖うために、人間としてイスラエルと同じ誘惑や試練を繰り返して受けておられます。たとえば、公の生涯の最初に四十日四十夜、荒野で断食して試みと悪魔の誘惑にあわれましたが、それはイスラエルが約束の地に入る前、四十年間荒野をさすらいながら、神につぶやき続けた歴史に関わっています。ダビデの子として生まれたイエスは、私たちに新しい戒めを与える第二のモーセであり、何よりも十字架は、まことの過越、まことの出エジプト、すなわち人となられた神の御子ご自身の血によって罪を赦し、神の民を率いて、神の国へ、新天新地へ脱出するという神の救いのみわざです。これは聖書全体を貫く重要な主題です。

神の国は、人間が罪を犯し、神に背を向け、サタンの支配に服することによって生じた破れや傷を、キリストにあって、本来の造られた目的に回復する、御霊による御父の支配です。その働きの領域は、罪の赦しによる神と人間との和解というだけでなく（罪を赦された個人が死後にいわゆる天国に行くというだけでなく）、赦されて神の子とされた者が、御父との義《ただ》しい関係を求め、その御心を生きることによって（マタイ6・10、33参照）、罪によって隔てられた人間の関係が癒やされ回復されることや、人間が支配（管理）するように命じられた被造物全体が癒やされ回復されることをも包んでいます。パウロの言葉を使えば、「天にあるものも地にあるものも、一切のものが、キリストにあって、一つに集められる」（エペソ１・10）という神の「奥義」（同９節、新共同訳「秘められた計画」）の実現です。この聖霊の新しい創造による秩序と調和を、聖書は全被造物を包む「平和」（ヘブル語「シャローム」）と呼びます。神の国は「シャローム」の満ちるところです。

神の国は、口先の言葉ではなく、この世の価値観や秩序をどんでん返しにする、人間の外側から来る御父の憐れみによる救いの力です（Ⅰコリント４・20参照）。イエスは、神の愛が必要な人なら誰にでも近づき、当時の宗教者や庶民からも社会の脇に押しやられ、軽蔑されていた「貧しい者たち」（無一文の者たちや、のけ者たち）を神の国に招きました。そこで次に、自分（たち）という個人や集団から見たこの世のながめと、天の父のところから見た神の国のながめとの違いを、私たちの「隣人」とは誰かという観点で考えてみたいと思います。

Ⅱ　イエスにとっての「隣人」――神の国からのながめ

イエスの教えの中心に「あなたの隣人を自分自身のように愛しなさい」（マルコ12・31）とい

う戒めがあります。これは旧約聖書の教えであり（レビ19・18）、同時代の宗教者たちもその戒めを日々神殿の礼拝で唱えていました（ルカ10・27参照）。しかし、イエスと当時の宗教者とでは「隣人」についての見方が根本的に違います。「善いサマリア人のたとえ」（ルカ10・25〜37）は、その違いをよく教えてくれます。

イエスに質問した律法学者は、隣人愛を「実行しなさい」（28節）というイエスの言葉に深くプライドを傷つけられ、「では、私の隣人とはだれですか」（29節）と問い返します。律法学者は、律法を厳格に守ることにおいて、自分（たち）を基点として、自分（たち）は、どこまでの範囲の人を愛すべき隣人とすべきか、と考えます。彼らにとっては、自分（たち）が宗教的・儀式的に聖くあるためには、売春婦や徴税人に代表される当時の社会で「罪人」と呼ばれた人々は、「隣人」として愛すべきではありませんでした。すなわち、律法学者にとっては、「隣人」も「罪人」も明確に定義され得る人々です。「隣人」はイスラエル同胞であり、同胞であっても儀式的に汚れている可能性のある「地の民」（アム・ハ・アレツ）と呼ばれる者たち（たとえば羊飼い）は愛すべき「隣人」ではなく、さらに「罪人」と呼ばれる人々はイスラエル社会の外にあって異邦人と同じように憎むべき存在でした。

それに対してイエスは、自分（たち）の側から「隣人」を定めるのではなく、誰であってもあなたを必要としている人があなたの隣人である、あなたがその人の「隣人」になるのだと、律法学者の観点を（そして、当時の社会の聖さの考え方を）根本から逆転されました。戦乱が続くパレスチナに長く住んだある聖書学者が、次のように語っています。

「……歴史的にひどい憎しみを抱く敵を持つ共同体の一員として生きた者だけが、このときのイエスの勇気を心から理解できる。すなわち、目の前にいる聴衆の宗教的な指導者よりも、異端として憎まれ蔑まれていたサマリア人をよりすぐれた者として語った、そのイエスの勇気を真に理解できる。このようにして、イエスは、メッセージを聞く人々の最も深い憎しみのひとつに語りかけ、痛みをもってそれをあらわにされたのである」（K・E・ベイリー）。

「善いサマリア人のたとえ」は、人間が敵対して生きる現実の歴史や社会の中では、耳に心地よい話ではありません。ユダヤ人がサマリア人を助けてあげたという話なら、ユダヤ人は喜んで聞くでしょう。しかし、同胞に襲われたユダヤ人をサマリア人が助けたという話を——たとえば、朝鮮人を憎み蔑むような現実の中で、北朝鮮人が日本人を助けたというような話を——ユダヤ人は（そして日本人は）喜んで聞くでしょうか。イエスが「罪人」と呼ばれる人々と食卓を共にされたということも、単なる博愛的な行為ではなく、それによって被る祭儀的な汚れを引き受け、「罪人」を受け入れるという、当時の宗教的・社会的タブーを破るものであり、神の国の福音そのものでした。イエスが当時の宗教者が誘惑する存在として避けた女性を弟子集団に含め、共に旅をしたということも（ルカ8・1〜3）、神の国の福音の本質にあることです。

イエスは公の生涯の始めに、ご自分が属するナザレという血縁共同体を離れ（マルコ1・9参照）、十二弟子を召して生活共同体を築きました。その共同体は、神の御心を行う人はだれでも、イエスの兄弟、姉妹、または母であるという、神を「父」（アッバ）として知る家族でした（マルコ3・31～35）。これは血縁が重んじられた当時のイスラエル社会では、大変つまずきに満ちたメッセージです。主イエスの十字架と復活は、血縁を超えた神の家族、すなわち神の新しいイスラエルを創造する新たな出エジプトです。ナザレを出たイエスが、「ご自分の血によって民を聖なる者とするために、門の外で（筆者注＝ユダヤ民族の都エルサレムの外に出されて）苦しみを受けられ」（ヘブル13・12）たことは、きわめて重要です。「パックス・ロマーナ」（ローマの平和）と呼ばれる大帝国の軍事力が世界を支配していた時代、その片隅ユダヤのさらに辺境のガリラヤに生まれた「小さな群れ」（ルカ12・32）が、真の「平和をつくる者」（マタイ5・9）になりました。「聖霊による義と平和と喜び」（ローマ14・17）である神の国は、微小なからし種のように世界に蒔かれ、この世の人の目には隠されて成長します（マルコ4・30～33）。

Ⅲ　神の国と、世から脱出する共同体

旧約聖書に記されている出エジプトの出来事は、イスラエルの民にとって、何よりも異教の神々の領域から、誰にも妨げられずに「主」（ヤハウェ）を礼拝する自由な領域に入れられる贖いのみわざでした。出エジプトという救いの恵みに基づいて、主は律法を授与して、新しい契約関係によるご自身の民を形づくることを始められました。諸国民の中から召し出された共同体は、王国、国民としてこの世界に存在しながら、諸国民に代わってとりなす「祭司の王国、聖なる国民」（出エジプト19・6）でした。ここから、出エジプト記20章の十戒の授与は、神の民が世界に神の祝福をもたらす管になることを前提にしていると知ることができます。すなわち、神の契約の民は、恵みによる救いを地の果てまでもたらす「国々の光」（イザヤ49・6）でした。イエス・キリストによる新しい契約に入れられた御国の民も「聖なる祭司」（Iペテロ2・5）、「聖なる国民」（同9節）、「世の光」（マタイ5・14）として、同じ使命を託されています。

キリスト教生活共同体は、主がそれぞれの時代をとりなすように、ご自身の民として召し集められた、祭司の民・世の光である民です。その証しは、この世の権力（武力）や能力によらず（ゼカリヤ4・6参照）、ただ恵みによって神と和解させられた民として、十字架の福音（Iコリント2・2）、すなわち「神の奥義（秘められた計画）であるキリスト」（コロサイ2・2）を宣べ伝え、互いに愛し合ってひとつとなり、被造世界を管理するという、神の創造目的を実践することによってなされます。生活共同体は、その生活の全領域において、世の価値観と対抗する、福音の文化を創造するように召し集められた新しい神の民です。この神の共同体は、欲望に支配された世から脱出して、新天新地という約束の地に向かって旅をしています。その意味で、この世に存在しますが、この世に属してはいません（ヨハネ18・36）。しかし、この共同体は、神がひとり子を与えるほどに愛された世（同3・16）に仕えるために、世に遣わされています（同20・21）。私たちは、神に召されたアブラハムがソドムとゴモラのためにとりなしたように（創世記18章）、ただ世から取り出されるために召されたのではなく、世にあって、世のために、世に代わって祈り、世に遣わされ、世に仕えるために召されたのです。その福音の宣教によって、またその福音の宣教のために、神は共同体に、サタンと欲望に支配された今の世から人々を集めておられます。

神の国は、いかなる意味でも絶対に人の所産・所有ではなく、人間が造るものではありません。キリストは肉によって生まれた方ではなく、福音は人間が造るものではありません。また、神の国をこの世の国や制度や組織と直接結びつけることはできません。たとえば「アメリカは神の国だ」とか、「教会は神の国だ」と言うのは、聖書的に正しくありません。教会は、神の国が生み出し、形造り、その支配に生かされ、成長しますが、それ自体が神の国ではありません。十九世紀の自由主義神学は、その時代の社会問題に真剣に向き合い、理想的な人間としてのイエスを模範として――その神性や贖罪は否定して――人間の理性や努力でこの地上に神の国を建設しようとしました。敬虔なクリスチャンが、教会やクリスチャンの社会における働きを否定して、「神の国は一人ひとりの心の中にある」と言うのは、自由主義神学の社会的福音への反動という面もあるかもしれません。確かに神の国の力は、クリスチャンの心に満ちて、そこを支配しますが、そのいのちと働きは狭く人の心の中に限定されません。あるいは、二十世紀のバルト神学の影響を受けた人々が、神の国は彼岸から訪れるものであり、人間の努力にはよらないとして書斎での神学と説教に傾くのも、反動あるいは怠惰のように、私には思えます。確かに十字架と復活によるイエスの勝利はすでに最後決定的に成就していますが、そこで神の国は神学的認識の事柄となり、この歴史と社会において、いまだ、否いよいよ激しく人間を襲うサタンの深淵は現実のものとは見られません。

反神的な暗黒の力との霊的な戦いにおいて、ただ終末を待つということだけでなく、むしろ人間の側の動的な生き方によって、その到来を促進するという姿勢が重要です。神の国に向けて身を伸ばすというか、激しく疾走するというきわめて動的な姿勢です。これは「終末論的神人協力説」となる危険がありますが、実はきわめて聖書的な理解です。私たちは、自由主義神学の時代に生きたドイツの父ブルームハルト（一八〇五～一八八〇）や、英国のジョン・ウェスレー（一七〇三〜一七九一）に、そのような信仰の先人を見ることができます。

神の日が来るのを待ち望み、到来を早めなければなりません。（Ⅱペテロ3・12）

「ブルームハルトにとって、終わりの日を待つということは、閉ざされた扉の前でそれが開かれるのを待つということではなかった。それは、その扉を激しく叩きつづけるということであった。」（井上良雄『神の国の証人 ブルームハルト父子』新教出版社）

第3章　初代教会における愛の交わり――聖霊が力をもって臨むとき

新約聖書の使徒の働きは、ルカの福音書に続く第二部として、パウロの伝道旅行の同伴者であった医者ルカによって書かれました。福音書と使徒の働きをつなげる大切な観点のひとつは、聖霊に満たされて、言葉とわざによって神の国を宣べ伝えたイエスの働きが（ルカ4・1、43参照）、同じ聖霊を受けた使徒と教会によって継承されるということです。それはただイエスと同じわざを行うという継承ではなく、御父が遣わされる聖霊によって、イエスよりも「さらに大きなわざを行」う（ヨハネ14・12）という神の国の進展であり、「さらに大きなわざ」とは「キリストの苦しみの欠けたところ」（コロサイ1・24）を満たすこと、すなわち、全人類を包むキリストのからだとしての共同体の形成です。

ルカの福音書と使徒の働きという二つの書物の時の中間には、イエス・キリストの十字架と復活がありますが、それは聖書全体を貫く人類救済の歴史という時の中心であり、そこから溢れ出るいのちは、私たちの罪を赦し、様々な敵意に隔てられて生きる者が、キリストにあって互いに愛し合ってひとつになる教会共同体をこの世界に創造することを目的としています。

I　神の国の宣教のビジョン

使徒の働き1章8節に、その書物全体のアウトラインとも言われる、復活のキリストが語られた約束のみことばがあります。

「聖霊があなたがたの上に臨むとき、あなたがたは力を受けます。そして、エルサレム、ユダヤとサマリアの全土、さらに地の果てまで、わたしの証人となります。」

その前の文脈で弟子たちは、相変わらず神の国を「イスラエルのため」の国と考えていました（6節）。また神の国の実現を「それはいつですか」と時や時期を詮索しています（7節）。そういう弟子たちにイエスは、神の国の宣教のビジョン、すなわち、私たちの間に働く聖霊の贖いの力である神の国が、この地上の歴史と社会においてどのように前進するかを示されました。

「あなたがたは間もなく、聖霊によるバプテスマを授けられる」（5節）という約束は、ペンテコステに成就しました。ペンテコステのペテロの宣教は、罪を赦されて、近くにいる人も、遠くにいる人も、主イエスの弟子の交わりに加わりなさい、というメッセージでした。福音を聞いた者の多くはエルサレムに巡礼に来ていたユダヤ人ですが、そこで起きたことは、聖霊が力をもって臨むとき、人間を隔てる民族、文化、言語の壁が破られ、遠く隔てられて生きていた者たちが、ひとつの新しい神の民（共同体）になるということのしるしであり、前触れでした。アダムの罪によって傷ついた人間の（人類の）愛の交わりが聖霊の新しい創造によって回復します。これがキリスト教会の誕生です。

Ⅱ　使徒の働きにおける神の国の進展

聖霊に満たされた弟子たちは、神殿の「美しの門」で、イエスの御名によって、足の不自由な人を癒やしました（３章）。障がい者として宮に入ることを禁じられていた人と礼拝の民として共に歩き始めたのです。これは神の国のしるしです。私たちは、目に見えるところではいまだ癒やされなくとも、障がい者と共に、神の民、礼拝の民として歩みます。

やがて、ピリポの宣教によって、サマリア人との厚い憎しみと蔑みの壁が破られました（８章）。ピリポはまた聖霊に導かれて、エチオピア人の宦官にも福音を伝えます。宦官は神殿に入ることが禁じられていました。また改宗者とはいえ異邦人です。ピリポがこのような民族を超えた宣教に用いられたのは、彼が外国で生まれ育って祖国に帰ったギリシア語を話すユダヤ人（ヘレニスト）として、狭い民族意識を超えた思考と行動ができたからだと思われます。ステパノもヘレニストでした。彼が教会の最初の殉教者になったのは、ヘレニストとしての彼が、神の臨在はエルサレム神殿に限定されないという、後にパウロによって展開されるユダヤ民族を超えた教会論を大胆に語ったからです。これはステパノの法廷での弁明から明らかです（7章）。ステパノやピリポのような祖国を慕って帰国したユダヤ人は、むしろ熱心な民族主義者だったはずです。そういうヘレニストが福音の洗礼を受けたとき、その背景が活かされ、初代教会の異邦人伝道の地平を開拓しました。パレスチナ（本国）に生まれ育った十二使徒たちには、まだサマリア人や異邦人への宣教に強い抵抗があった歴史的段階でのことです。

次いで、異邦人への使徒パウロの回心と召命をはさんで、使徒ペテロがヤッファで皮なめしのシモンの家に泊まります（9章）。皮なめしは、ユダヤでは汚れた職業に数えられ、徴税人や売春婦と同類の罪人と呼ばれていました。ペテロは「かなりの期間」（43節）そこに滞在したと言われていますから、当然、ユダヤ人としてタブーであった宗教的に汚れた罪人であるシモンと食卓を共にしたでしょう。それはペテロも儀式的（祭儀的）に汚れることです。皮なめしは、血を扱ったり、異臭がするためか、日本でも卑賤視された職業です。地の果ては、ただ地理的に遠くにあるだけでなく、私たちが住んでいる地域にもあります。

10章に画期的な出来事が記されています。エルサレム教会の指導者であったペテロが、異邦人コルネリオと食卓を共にします。異邦人と共に食卓につき、同じものを食べることは、ユダヤ人にとって最大のタブーです。一九六〇年代の公民権運動以前のアメリカ南部で、最大のタブーは、白人と黒人（アフリカ系アメリカ人）の結婚、次は白人と黒人が同じ食卓につくことで、それは殺されることを意味しました。イエスが当時の社会で「罪人」と呼ばれた人々と一緒の食卓について、同じものを食べたこととの意味を考えさせられます。

コルネリオの家で、ペテロが人々に神の国の福音を宣べ伝えているとき、みことばを聞いていたすべての人々に聖霊が降りました。異邦人も、罪の赦しによる神との和解に招かれ、イエスの御名によって神の民に加えられます。異邦人宣教の務めはパウロに引き継がれます。コルネリオの一件の後、初めて十二使徒のひとりが殉教します。ヘロデ王がヨハネの兄弟ヤコブを剣で殺します。それがユダヤ人の気に入ったので、次にペテロを捕らえにかかります。それまでは、使徒たちも、エルサレム教会のクリスチャンたちも、ユダヤ教の一派のように見られて、民に気に入られていました。

使徒の働きの記述は、福音がユダヤ民族主義の壁を破って前進して行くとき、教会外のユダヤ人とキリスト教会の間に起きたこと、教会内の立場や背景が違うユダヤ人の間に起きたこと、また教会内でユダヤ人クリスチャンと異邦人クリスチャンの間で起きたこと、そして何よりもそのような現実の中で、歴史における神の贖いのわざの前進のために、聖霊がどのように働かれたかを示しています。それは一言で言えば、ペンテコステでしるしとして示された聖霊の新しい創造のみわざ、イエスの御名による和解のみわざ、異なる者たちが互いに愛し合ってひとつの神の民となるというみわざが繰り返されるということです。新約聖書の手紙も同じような現実の中で、神のみこころを伝えるために書かれました。たとえば、ローマ人への手紙の背景にあるのは、ユダヤ人クリスチャンが中心であった教会に、異邦人クリスチャンが加わって来て、その数が最初からいたユダヤ人クリスチャンよりも多くなったときに、ユダヤ人クリスチャンと異邦人クリスチャンの間の民族的・文化的な違い、信仰理解の違いから生じた問題です。ローマ人への手紙は、神学的・教理的に読まれることが多いのですが、そこで語られている問題は身近な生活に関わっていて、とても現実的、具体的です。

これまで述べたような観点から1章8節のみことばを読むとき、そこで「エルサレム、ユダヤとサマリアの全土、さらに地の果てまで」と言われていることは、決してただ単にキリスト教という宗教の勢力範囲が、十字軍のような武力による覇権主義的な力によって、あるいはキリスト教国の文化的優越感や経済的優位性によって、地理的に世界に拡がるということではないということが分かります。ユダヤとサマリアの間には、今も続く民族的な、宗教的な憎しみや蔑みの厚い壁がありました。エルサレムから地の果てにも、また地の果ての人々の間にも、互いを隔てる壁があります。ひとつの地域にも、差別や蔑みに隔てられた地の果てがありま す。そこでイエスの証人になるということは、ただスピーカーで福音を伝えるというようなことではなく、福音を伝える者も共に恵みを分かち合い、キリストにあって互いに愛し合ってひとつになる聖霊の新しい創造に共にあずかって行くということです。その過程で、クリスチャンも神の国にふさわしい者に変えられていくことが今日最も求められている福音宣教であり、それが人類の救済につながる聖霊の贖いの力による御国の前進です。

Ⅲ　初代教会と現代の共同体

使徒の働き2章42節からの箇所に、ペンテコステにイエス・キリストの御名による洗礼を受け、新しい神の民とされた者たちの生活が記されています。「仲間に加えられた」(41節)とあるように、教会は初めからイエスの弟子たちの共同体として誕生しました。新約聖書には、独りぼっちのクリスチャンは一人もいません。

42節に二つの対句があります。聖霊を受けた者たちは、「使徒たちの教え」(今で言えば聖書)を学び、「(共に)祈りを」することに熱心でした。聖書の学びと共同の祈りはひとつに結びつけられます。「相互の交わり」（コイノニア）は、共に食卓を囲み、証しを分かち合い、現実的に助け合うことを意味しますが、そういう聖徒の交わりには、何よりも先に「パンを裂き」、すなわち「御父また御子イエス・キリストとの交わり」（Ⅰヨハネ１・３）があり、「聖霊の交わり」（Ⅱコリント13・13）への熱心があります。

「信者となった人々はみな一つになって、一切の物を共有し、財産や所有物を売っては、それぞれの必要に応じて、皆に分配していた」（使徒２・44節）とあります。聖霊に満たされて、「毎日心を一つにして」神を賛美する礼拝共同体の交わりは、それほどまでに個人的な欲望から自由にされて、互いに愛し合うことに深められたのです。初代教会は、制度や規則としての原始共産制を目指したわけではありませんが（使徒５・４参照）、そう言って生き方を変えずに済ませられるとは思えません。「信じた大勢の人々は心と思いを一つにして、だれ一人自分が所有しているものを自分のものと言わず、すべてを共有していた」（４・32）と繰り返し記されているように、それは確かに聖霊の働きなのです。

現代の教会は、クリスチャンの生き方が時代の霊に支配されて、互いに愛し合って心も思いも一つになるという聖霊のしるしを見失っています。お金の使い方も初代教会とは違ってしまっています。聖霊の働きを強調する人々の間においても、かえって自己愛の霊を見ます。

歴史において神は、繰り返し繰り返し、ある人々を初代教会のように、生活共同体のかたちをとって、イエスに従う歩みへと召されます。それは、キリストにある聖霊の働き、新しい創造です。そして、同じ聖霊による希望の泉は世界の各地に湧いています。

アメリカのリーバ・プレイス・フェローシップは、五十年以上の歴史があるキリスト教生活共同体ですが、あるとき、深刻なアルコールの問題がある男がそこを訪ねました。古参のメンバーが、キリストを信じて仲間に加わらないかと、その男に勧めました。男はどぎまぎしながら、目的地までのバス代が欲しいだけだと言います。「いいだろう」と古参のメンバーは答えました。「その手のことでも助けてやれるよ。君が本当に必要としていることがそれだけなら」と。そして、しばらく黙った後で、頭を振ってこう言うのです。「教えてやろうか。私は君のおかげで危うく窮地に陥らずに済んだというわけだ。もし君が神の御国での新しい人生を選んでいたら、君は私の兄弟になって、私は君に私のすべてを与えなければならなかったのだ。」――イリノイ州にあるこの生活共同体のことは、第18章で取り上げます。

第4章　新天新地における愛の交わりの完成
――エデンから新しいエルサレムへ

ここまでの内容を要約して、「聖書編」の終わりに至る流れを示しておきたいと思います。

一　創世記1、2章における創造説話は、この天と地（宇宙）やエデンの園を神が臨在なさる聖所（神殿）として描いています。第七日目の安息は、「天の天も、あなたをお入れすることはでき」ない（I列王記8・27）お方が宇宙という大神殿の真中に住まわれ、万物をご支配なさるために王として着座された日です。創造者が造られた者を礼拝に招くこの聖なる日こそが、創造の目的のクライマックスです。第七日目がなければ、それまでの六日には意味がありません。

エデンも神が臨在なさる神殿として描かれています。エデンの至聖所から流れ出るいのちの川が園を潤し（園はエデンの一部です！）、そこから四つの川となって地の四方（全世界）に流れ出て、全地を神のいのちに浸します。アダムとエバは、ただの農夫や庭師ではなく、神殿に仕える祭司として園を耕し守ります。それは、互いに愛し合って地に仕えて、神が中心にある愛の文化（カルチャー）を世界に広げるためです。アダムは、ひとりの男性の固有名詞でもありますが、「人」という意味で集合人格（愛し合う人間の交わり）であり、全人類のかしらです。しかし、神の創造のみこころは、人間の堕落によって傷つき、いのちの川の流れは罪によって濁りました。

神はイスラエルを選んで、宇宙を模した幕屋（神殿）に臨在なさり、互いに愛し合う民によって全世界を祝福する創造の目的を回復しようとなさいました。しかし、イスラエルは神に反逆してアダムの罪の歴史を繰り返しました。

二　イエスがご自身においてもたらし宣べ伝えられた神の国（御国）は、人間の堕罪によって傷ついた被造世界全体を、聖霊の力によって、それらが造られた本来の目的に回復するものです。そのために、神の御子は人となられ、新しい人類のかしら、第二のアダムとして全き愛に生きて神のみこころに完全に従われました。そして、罪のないお方として十字架に死んで人類の罪を贖い、三日目によみがえらされ、全世界の民がそのお方の御名で御父を礼拝する神殿となられました。イエスの救いは、ただ私たち個人が罪を赦されて、死後に天国に行くためのものではありません。神との正しい関係を回復された者が、イエスの御名において互いに愛し合ってひとつになり、御国とみこころを前進させるためのものです。イエスの死と復活の証人である十二弟子は、イスラエルへの神のみこころを受け継ぐ、新しい神の民の始まりでした。

三　イエスの働き（福音書）と使徒たちの働きをつなぐ重要な観点は、聖霊に満たされて、言葉とわざによって神の国を宣べ伝えたイエスの働きが、同じ聖霊を受けた使徒と教会によって継承されることにあります。それは御父が遣わされる聖霊によって、イエスよりも「さらに大きなわざを行」う（ヨハネ14・12）という神の国の進展であり、「さらに大きなわざ」とは、異邦人を含んで、全人類を包むキリストのからだとしての共同体の形成です。

十字架と復活のイエス・キリストという神殿から流れ出る聖霊のいのちの川は、私たちの罪を赦し、様々な敵意に隔てられて生きる者が、キリストにあって互いに愛し合ってひとつになる教会共同体をこの世界に形成することを目的としています。教会（エクレシア＝召された者の集い）は、クリスチャンが天国に行くための信仰を維持するのに必要な集団ではなく、「主にある聖なる宮（神殿）」、「御霊による神の御住まい」（エペソ2・21、22参照）です。御子を長子とする神の家族として教会の形成そのものが神の救いの目的です。キリストは、「教会を愛し、教会のためにご自分を献げられた」（エペソ5・25）のです。教会は、キリストの花嫁になるために召されました（IIコリント11・2）。一人ひとりのクリスチャンが花嫁になるのではなく、新しい人類（愛し合う人間の交わり）がキリストと一体になるのです。

ヨハネの黙示録21章に描かれている新天新地における新しいエルサレムの幻は、神の贖いの歴史における愛し合う人間の交わりの完成であり、神の神殿としての天と地（宇宙）とエデンが本来持っていた創造の目的の回復です。しかし、それはただ単に最初の創造の回復ではなく、聖霊の新しい創造によるさらに高い霊的な次元における完成です。

I　エデンから新しいエルサレムへ――始めの終わり

聖書は、天地創造に始まり、新天新地の創造に終わる神の救いの歴史の物語です。その中心に人間の罪を贖うキリストの十字架と復活の出来事があります。最初の天地創造におけるエデン（創世記1、2章）と新天新地の新しいエルサレム（黙示録21、22章）は対応しています。詳細には立ち入らず、私たちの関心から重要と思われる大枠について考えてみましょう。

一　ヨハネが見た幻は、ただ贖われた者たちが新天新地に住むというだけではありません。「夫のために飾られた花嫁のように整えられて」、「聖なる都、新しいエルサレム」に住むということです（21・2）。「聖なる都、新しいエルサレム」は、場所を指すだけではなく、「子羊の妻である花嫁」（9節）とされた聖徒の交わり（共同体）のことです。それは、創世記に記されているアダムの堕罪によって傷ついた愛する交わりとしての「人」（人類）の回復であり、「新しい一人の人」（エペソ2・15）である教会の完成でもあります。新天新地が都市のイメージで描かれるのは、私たちは、互いに愛し合う共同体（キリストの花嫁）として完成されるからです。

二　最初のエデンは農園でしたが、新天新地において回復される楽園、新しいエルサレムは、都市である農園として描かれています。地上の都市は、バベルの時代から神に反逆する人間共同体の象徴です。しかし、神は、都市に象徴される人間の歴史と文化を廃棄されるのではなく、それをご自身に献げられるべきものとして贖いきよめて、新しいエルサレムにもたらし完成されます（黙示録21・24〜26）。

三　創世記の「天と地」（宇宙）やエデンは、神が臨在する神殿として描かれていますが、神がおられる天はそれとは別の霊的領域としてあります。「聖なる都、新しいエルサレム」は、神がおられる天から下って来て、地を贖いきよめ、地とひとつに溶け合い、新しい天と新しい地として完成します。もはや地を離れて、神がおられる天はありません。贖われた人類は神の臨在の幕屋に完全に覆われます。新天新地では、神が共におられるということが非常に強調されます（21・3）。「都」が正立方体であることは（21・16）、新天新地の全体が至聖所であることを表します。ですから、都の中には神殿はありません。「主と子羊が、都の神殿」（21・22）だからです。

四　創世記の天地創造は無からの創造ですが、黙示録の新天新地においては、無からの創造ではなく、現在の天と地が火で滅ぼされて（Ⅱペテロ3・7、10）、より高次な物質に変容して完成されます。この変容は、私ども人間の復活にもあてはまります（Ⅰコリント15・35以下、ピリピ3・21）。聖書はいつも、贖われた人間を贖われた地に置きます。聖書の救い（御国の完成）は、地上的な移り変わるものから魂が離れて、霊的な永遠に移されるギリシア的な二元論とは異なります。

Ⅱ　今の世と来るべき世の断絶と連続

聖書が語る救いを理解するのに大切なのは、「すでに／いまだ（やがて）」といういのちの働きの視点です。すなわち、神の国は「すでに」私たちの間に力をもって現臨していますが（ルカ11・20）、「いまだ」完成しておらず、「やがて」新天新地において完成します。私たちは「すでに」神の子どもであり（ガラテヤ3・26）、義と認められ（ローマ5・9）、永遠のいのちを持っていますが（Iヨハネ5・13）、その救いは「いまだ」完成されておらず、「やがて」新天新地において完成します。

このことは、新天新地にもあてはまります。黙示録全体の啓示を集約する「見よ、わたしはすべてを新しくする」（21・5）ということばの「新しくする」は現在時制であり、「新しくしている」をも含意します。「天から注がれる神の霊によって、万物一新の神のわざがすでに霊的に実現している（イザヤ32・15〜20）。神の民は聖霊によってすでに新天新地の新しさにあずかっているとパウロは宣言する（IIコリント5・17）」（岡山英雄）という指摘は非常に重要です。

新約聖書は、黙示文学的な表現によって、今の世と来るべき世の断絶を描いており、その光景は強い印象を残します（IIペテロ3・12）。しかし、聖書は同時に、今の世と新天新地の連続をも語っています。罪に絡まれた人間のわざは、すべて焼き尽くされます。しかし、すべてが廃棄されるのではなく、御霊の実としてのわざや、それによって形成された文化的な果実は、試練の火に浄められるようにして、新天新地にもたらされるでしょう。黙示録では、回復された楽園が都市として示されていますが、それは「人間の歴史と文化」の「完成」として神に献げられ、聖都として天から現れます（R・ボウカム）。この意味で、聖書の回復される救いは、ただ自然（農園）に帰れという方向にだけあるのではありません。多少象徴的に言えば、新天新地には最も美しいデザインの家具があるかもしれず、御使いたちはモーツァルトを歌って神を賛美するかもしれません。そして、それらは、神のかたちに造られたすべての人のもので、クリスチャンの作品に限られないでしょう。

Ⅲ　新天新地の共同体

ある学者が「黙示録は、全体として『淫婦と花嫁』という副題を持つ『二都物語』として特徴づけられる」と語っています。「淫婦」は「大バビロン」（17・5）として描かれるローマ帝国ですが、それはまたあらゆる時代の神に反逆する「都」（共同体）を意味します。「花嫁」は、やがて「新しいエルサレム」として完成する「都」、キリストを信じる者たちの共同体です。

この共同体は、神に反逆するこの時代の人間の交わりの中にあって、「異なる者たちが、キリストにあって、互いに愛し合ってひとつになる」という神の創造目的のために召された者たちの交わりであり、聖霊の新しい創造に与って歩む信仰共同体です。

私たちは、最初に造られた人間に期待されたように、人間が生きる大地に仕えて、そこを耕し、守り、時代をとりなしながら、神の愛に浸された福音の文化を世界に流すように召されています。

その際、私たちは、この世に対立して自分たちを閉ざすのではなく、歴史を支配なさる神は、ご自身に逆らうこの世を愛し、この世の文化の中にも永遠につながる価値があるものを、聖霊によって創造なさっていることを謙虚に認めるでしょう。キリストの福音は、私たちは十字架と復活によって罪を赦され、聖霊によって神の子として新しいいのちを与えられた者たちとして、本当に人間らしい人間となること、神に造られた者にふさわしい姿になるように促します。私はそれを、人として御霊に満たされて御父の愛に生きた御子イエスをモデルにした「受肉的ヒューマニズム」と呼びたいと思います。それは私たち個人の生き方の課題であるだけでなく、人間の交わり（共同体）に託された福音の課題です。

第5章　初期キリスト教会（1）――愛に生きる教会共同体

聖書編を終えて、第5章から実践編に入ります。初期キリスト教から現代に至るキリスト教の歴史における生活共同体をとりあげ、聖書編を土台にして、神の歴史の中に今日の信仰共同体のあり方を位置づけることが実践編の目的です。それによって、神の民が「異なる者たちがキリストにあって互いに愛し合う」共同体として、この時代に召し出され、遣わされてある意義や役割を考えたいと思います。

実践編のはじめに初期キリスト教会をとりあげます。初期キリスト教とは、新約聖書に記された最初期キリスト教（初代教会）の時代を含んで、六〇〇年頃までの期間を指します。この時代は、聖書が確立し、教理的にも教会組織的にも、キリスト教全体の骨格が形成された重要な時期です。本稿では、初期キリスト教の最初の二百八十年間、すなわちキリスト教が公認されるまでの期間を考えます。新約聖書に続くこの期間こそ、教会が典型的な愛に生きる共同体として成長した時だからです。

I　共同体としての初期キリスト教会

今は教会と言えば教会堂（建物）を指すのが慣用ですが、キリスト教の歴史で礼拝用の建物が造られたのは四世紀以降です。それまでクリスチャンたちは、信者の家に集まって礼拝していました。「教会（エクレシア）」とは家の集会のことで、ローマやコリントのようなひとつの町に家の教会がいくつかあり、その全体がひとつの教会（体）として意識されていました。各集会の信者の数は二十～四十人程であったと思われます。当時都市に住む庶民の多くは、一区画に密集する数階建ての集合住宅の一部屋に住んでいましたが、その狭い居住空間が家の教会であった場合、二十人も入れなかったでしょう。四十人というのは、上流階級の大きな邸宅が集会場であった場合に想定される数字です。

このような歴史や生活の背景は、新約聖書の手紙を読むに際してとても重要です。聖書に収められた使徒たちの書簡は、聖書学者たちの机上の議論のためのテキストではなく、今日と同じように困難で複雑な問題を抱えたクリスチャンたちの日々の生活の現実に向けて語りかけられた神のことばなのです。例えば、次のようなみことばが家の教会で朗読されたときの、集まっていた人々の感動を想像してみてください。

あなたがたはみな、信仰により、キリスト・イエスにあって神の子どもです。キリストにつくバプテスマを受けたあなたがたはみな、キリストを着たのです。ユダヤ人もギリシア人もなく、奴隷も自由人もなく、男も女もありません。あなたがたはみな、キリスト・イエスにあって一つだからです。（ガラテヤ３・26～28）

キリスト教会は、求めて来る人々をすべて受け入れる新しい礼拝共同体でした。そこではローマ社会において互いにまったく関わりを持たない人々が共に歓迎されました。右記のガラテヤ書のみことばは、当時の家の教会では、身体が震えるような感激をもって聴かれたはずです。初期キリスト教会に集う人々は、自分たちを新しい「神の民」（ヘブル11・25）として、また「新しい種族」として、ユダヤ人とギリシア人（異邦人）との対立を超える「第三の民」として意識しました。

初期キリスト教会が文字どおり共同生活をしていたとは言えません。彼らは、普通のローマ人たちのように生活していました。しかし、世にありながら、世に属してはいませんでした。ローマ帝国の支配下で、世界にひとつの貨幣、ひとつの言語が広まり、古い集団の秩序や価値観は崩壊しました（当時の社会的精神状況として使徒17・21を参照）。人口の流動化が起こり、シリアのアンティオキアには八つの民族集団が存在しました。また古代社会は繰り返し、地震や飢餓などの自然災害に見舞われました。紀元一六五年と二五〇年には、ローマ世界に疫病が流行し、人口の四分の一が死にました。そういう深刻な社会不安の中で、教会は、女性や子どもをはじめ、ローマ社会で無視され搾取されていた人々を迎え入れ、すべてを共に分かち合い、すべての必要において具体的に助け合いました。

初期キリスト教会を理想化するのは正しくありません。それは新約聖書の書簡に記された問題からも明らかです。しかし、初期キリスト教において、キリスト者は、教会を自らが帰属する新しい共同体（家・家族）とする生活意識を強く持っていたのです。

彼らは自分自身の母国に住んでいるが、しかしそれは寄留者のようにである。市民のようにすべてのことにあずかるが、しかし外国人のようにすべてを耐え忍んでいる。異郷はすべて彼らの故郷であり、故郷はすべて異郷である。（佐竹明訳「ディオグネートスへの手紙」『使徒教父文書』講談社所収）

Ⅱ　初期キリスト教会の愛の活動——なぜ教会は成長したか

教会共同体の活動で最も著しいのは「愛の活動」です。教会史家のハルナックが『最初の三世紀におけるキリスト教の伝道と伝播』という書物において、その活動を次の十項目にまとめて説明しているそうです（水垣渉『初期キリスト教とその霊性』日本キリスト改革派教会西部中会文書委員会）。

（1）施し、（2）教職者を支える、（3）やもめ、孤児を支える、（4）病人、弱者、働けない者を助ける、（4）捕虜、囚人、鉱山で苦役しているものを支える、（6）貧者や死者一般の埋葬、（7）奴隷への配慮、（8）災害における救援、（9）労働と仕事の紹介、（10）旅する兄弟への配慮、貧しい、困難のうちにある教会への援助。

水垣氏は「これらはすべてオイコス（引用者注＝「家」の意）としての教会共同体の活動であり、一人一人の信者の献身によるものであった」と言われます。さらに「ここで重要なことは、社会的政治的に被抑圧者の側にあって決して裕福ではなかった教会が、これらの活動を一般社会の人々の目にも触れるほどの仕方でしたことである。迫害に耐えた内的な信仰の力と外への愛のわざとは、結びついていた」と述べ、「外部のものや批判者たちの目にとくに映ったのは、教会の組織ではなく、キリスト者の生活様式であった。これが初期キリスト教が発展した大きな理由の一つである」と書いておられます。

初期キリスト教会の「愛の活動」は、今日教会で言われる様々な「ミニストリー」のように、誰かの活動を教会が援助するというよりも、教会共同体に属する一人ひとりの信者が、自分が生きている生活の場で「愛の活動」を実践したのです。それによって、福音は、一人ひとりのキリスト者とつながりのある社会的ネットワーク（家族、親戚、友人、知人等の血縁、地縁で結ばれた人々）を通じて広がりました。

初期キリスト教会は、多くの古代宗教のように、宗教儀式と社会生活を分離せず、生活の現場で福音を証ししました。辛辣な哲学者ケルソスは、キリスト教を愚かで無教養な社会の底辺層を惹き付ける宗教として軽蔑しています。ローマ社会はお互いに自分のために利益がある関係を強調するので、貧しい者や家のない者を助けることには価値を認めませんでした。しかし、キリスト者たちは、神がその全領域を支配している世、キリストが愛され、贖われた世のために、献身的にアガペーの愛を流したのです。

紀元二世紀の初め、ローマ帝国の総人口は六千万人と言われる中で、クリスチャン人口は〇・〇〇一パーセント未満、惨めな程の少数者でした。しかし、すでにその時代、ビテニアとポントゥス（今の北中央トルコ）の総督に任命された小プリニウスは、皇帝トラヤヌスに宛てた手紙（一一二年）において、「キリストを神として」、早朝に礼拝をささげている者たちは、ローマ帝国の社会秩序をひっくり返すような勢いで都市から農村へと広がっているので、厳罰をもって対処しなければならないと書いていますへンリー・ベッテンソン『キリスト教文書資料集』聖書図書刊行会）。使徒の働きで、しばしば信徒の数の増加が語られるのは、ローマ帝国で圧倒的な少数者であったキリスト者たちがなぜ急速に増えていったか、その理由を説明しているからです。

再び水垣氏の著作から引用します。「キリスト教が絶え間ない危機的状況に愛の活動をもって立ち向かい、人々に感銘を与えたことは、異教の著作家たちも認めている。四世紀の後半に、キリスト教的に育てられながら帝国をギリシアの宗教に復帰させようと試みた『背教者』皇帝ユリアヌスは、キリスト教者が放置された死体をねんごろに葬っているのは、自分たちにとってスキャンダルであるといっている。」

二世紀から三世紀にかけて生きたテルトゥリアヌスは、その『護教論』において、「見よ。彼らはなんと互いに愛し合っていることか。……彼らは互いのために命を与える用意ができているのだ」という異教徒の驚きを伝えています。キリスト者から流れ出すこの愛のいのちが、混沌とした社会に生きていた人々を、主の平和の共同体へと招いたのです。

Ⅲ　初期キリスト教会と現代の教会――この時代における共同体の使命

現代の教会は、初期キリスト教会のあり方と、何と遠く隔たっていることでしょうか。ある人気クリスチャンブログに「教会はもはや自らが属する『神の家族』や『キリストの体』ではなく、『みんなで一人旅をする同好会』になっているのかもしれません。各自が神を個人的に礼拝し、天国への旅をしているのです」とありました。

もしそうであれば、現代の教会は、もはや世に愛を流す共同体でも、主の平和を生きる共同体でもなく、自分だけの平和を追求する自己愛の集団になってしまっています。もちろん、主の教会には真の愛のいのちが働いていることを、私は知っています。しかし、「自己愛性信仰障害」（水谷潔氏）と呼ばれるようなものが、とりわけ福音派教会において顕著であることは、否定し難いことのように思われます。それは教会で語られている福音のメッセージの内容や、またそれを映すようなイベントやパフォーマンス中心の伝道方策にも深く関わっています。

聖書のみを標榜するプロテスタント教会は――歴史的な伝統を持たない教会はとりわけ――二千年の教会の歴史を越えて、直接聖書に結びつこうとする傾向があります。過去の教会の歴史的遺産や先祖の言い伝えよりも、みことばそのものに聴くあり方は正しいのです。しかしその際、聖書を語っているつもりの自分たちもまた時代の子であり、時代を支配する霊で聖書を読んでいることに無自覚であることがあり得ます。

キリスト教会は、紀元四世紀にコンスタンティヌス帝により、ローマ帝国の国教とされることによって、今日にまで続く大きな質的な変化を遂げました。私たちは今、プロテスタント、カトリックを問わず、アガペーの愛に生きる共同体としての初期キリスト教会のあり方に帰ることを、強く求められているのではないでしょうか。

キリスト教生活共同体は、キリストの愛に根ざし、愛に基礎を置く生活現場であり、時代をとりなしつつ、福音を生きることによって伝道するところです。それは自分たちのためではなく、教会によって、キリストにより、栄光が世々にわたって、とこしえまで御父にあるようにとの祈りと願いによります。初期キリスト教から歴史を貫いて流れる霊の地下水が、ここで、この時代の荒野に泉となって湧き出ています。私たちはまことに少数者です。しかし、二世紀初頭のクリスチャンが圧倒的少数者であったことを思い起こしましょう。そして、神の国の前進のために、自分自身を献げて、愛に生きる共同体の形成に励もうではありませんか。

「恐るな、小さき群れよ。汝らに御国を賜うことは、汝らの父の御意なり。」（ルカ12・32、文語訳）

第6章　初期キリスト教会（2）——聖餐と愛餐に生きる教会共同体

余市恵泉塾では毎主日聖餐が行われます。聖餐の前に行われる愛餐は礼拝式の一部として位置づけられ、愛餐と聖餐は同じ食卓で行われます。ローマカトリック教会では、聖餐（感謝の祭儀）は礼拝式（ミサ）の中心として欠かせませんが、プロテスタント教会では、聖餐は月に一度のところが多いように思います。毎主日に聖餐を行う教会もなくはありませんが、いずれにしても聖餐は礼拝式の中で独立した儀式（聖餐式）のようにして行われます。愛餐を礼拝式の中で行い、その同じ食卓で主の聖餐に与る教会が他にあるか、寡聞にして私は知りません。

三世紀までの初期キリスト教会においては、聖餐は文字どおり一緒に食卓を囲む愛餐（アガペー）に結びついていました。礼拝式における愛餐と聖餐の結びつきには、聖書的な福音の本質と私たちの信仰と生活に関わって、とても大切な意義があると思われます。

この章では、初期キリスト教の歴史から、聖餐と愛餐の交わりが教会共同体において持つ意義について考えます。最初に愛餐の起源として、イエスが罪人と共に食事をなさったことの意味を考えてみましょう。

I　イエスと罪人との共同食卓——愛餐の起源

福音書にはイエスが当時の社会で「罪人」と呼ばれた人々と一緒に食事をなさったことが繰り返し印象的に記されています。それによってイエスは、パリサイ派の律法学者たちから非難され（マルコ2・16、ルカ15・2等）、「大食いの大酒飲み、取税人や罪人の仲間だ」（ルカ7・34）と悪口を言われました。

一緒に食べることとは、ただ食欲を満たすだけでなく、自分を差し出して、相手を受け入れることです。共に食卓を囲むことは、人間の愛の行為であり、他の動物には見られません。身近なことで言えば、愛し合っている者には、一緒に食べることは喜びですが、憎み傷つけ合っている者には、一緒に食べることほど苦痛なことはありません。困っている人に食事代をあげるのと、その人と一緒に食べるのとは、まったく違ったことです。加えて「罪人」と一緒に食べることは、パリサイ派には宗教的に相手の汚れが移るということを意味しました。

パリサイ派の観点からは、人間は大きく三種類に分けられました。第一は、パリサイ派のように浄めの戒律を厳格に守って生きている「義人」。第二は、パリサイ派のように厳格に浄めの戒律を守っていないので、いつも汚れている可能性があるが、それでも神の民に属する「隣人」であり得る「地の民」（アム・ハ・アレツ）。第三は、絶対に神の国に入れない「罪人」。すなわち、不道徳な生活をする者（取税人や売春婦等）や社会から卑賤視された職業に従事する者（雇われ羊飼い、皮なめし職人等）。彼らは神の民ではなく「隣人」にもなり得ません。異端のサマリア人や異邦人がここに属するのは言うまでもありません。

イエスは「罪人」と一緒に食事をすることによって、当時の社会の宗教的なタブーを破り、パリサイ派が定めた「隣人」の境界を取り払ったのです。イエスと「罪人」の共同食卓は、福音の中心の中心にあることです。この隔てを越える愛は、サマリア人や異邦人にも流れて行きます。愛餐の起源は「罪人」と食卓を共にした主イエスにあります。

Ⅱ　イエスと弟子たちとの食卓――聖餐の起源

聖餐の起源は、イエスが十字架につけられる前夜、エルサレムの二階の間で弟子たちと共にされた過越の食事、主の晩餐にあります（マルコ14・22〜26等）。愛餐はすべての人に開かれた食卓ですが、聖餐はイエスを信じる契約をした者たちのための食卓です。

イエスは、ひとつのパンをご自身の手で裂かれ、「これはわたしのからだです」と言われました。イエスが「これは」と言われたのは、ただパンの塊についてではなく、またパンの欠片についてでもなく、人となられた神の御子の全人格を表すひとつの塊が裂かれ、引きちぎられ、砕かれて弟子たちに差し出されるさま、すなわち主の受難の奥義への言及であるように、私には思われます。

罪を贖う契約の血を表すぶどう酒の杯も本来ひとつでした。その血は「多くの人のために流される」ものです。聖餐に与るとき、私たちは、自分のことだけでなく「多くの人」のことを考えます。「多くの人」とは、共に主の恵みの食卓を囲む人々のことであり、また同じ恵みに招かれているまだイエスを信じていない人々のことです。

主の聖餐の食卓を囲むとき、私たちは三つの恵みの時を思い起こします。第一は過去に起こったことで、二千年前のあのゴルゴダの十字架で、私たちの罪は一度限り、完全に赦されたということ。第二は、今ここで復活の主が恵みをもって私たちと共におられるということ。第三に、聖餐において私たちは、主がもう一度おいでになる時、新天新地において子羊の婚宴の食卓を囲む時を待ち望みつつ、主の死を告げ知らせるのです（マルコ14・25、黙示録19・9参照）。

主の晩餐は、使徒たちによって洗礼（バプテスマ）とともに、教会が代々にわたり守るべき聖礼典（サクラメント）として伝えられ現代に至っています（Ｉコリント11・23～26参照）。

Ⅲ　聖餐（コムニオン）と愛餐（愛のコミュニケーション）

使徒の働きによれば、初代教会のキリスト者たちは、キリストの復活を記念して、週の初めの日（日曜日）に信徒の家に集まり、使徒たちの教えに聞き（今で言えば聖書を読むこと）、愛餐の交わりをし、それからパンを裂いて聖餐を行い、祈りをしました（使徒2・42）。主の聖餐に与る彼らの交わりの喜びは、ひとつの食卓を囲んで共に食する愛餐に表され、人々を主の食卓に招くように、人と人とを隔てる壁を越えて傷ついた社会に流れ出て行きました。そして遂に、百人隊長コルネリウスとの会食をきっかけに（10章）、聖霊によってユダヤ人キリスト者と異邦人が同じ食卓を囲む道が開かれ、神の国の食卓は、パウロによってさらに前進します。迫害の時代には礼拝所ともなったカタコンベと呼ばれるキリスト者の地下墓地には、食卓やパンと魚のモチーフが使われた壁画がよく見られますが、それは初代教会が主の食卓を囲むことを大切にしていた証しです。

しかし、三世紀に入ると、教会の愛餐と聖餐に対する異教徒の誤解と中傷が強くなります。キリスト者たちは人の肉を食べ、人の血を飲んでいるという噂が立ったり、アガペーという言葉を誤解して愛餐を淫らな場とする中傷もありました。弁証家たちは、愛餐には慈善的な意味があり、聖餐は主イエスを記念する儀式であると説明して、教会を誤解や中傷から守ろうとしましたが、パウロがコリント書で戒めているように、愛餐が酩酊や無秩序な飲食の場になることもありました。

四世紀の終わり頃、アウグスティヌスなどは、愛餐を禁じるようになります。その頃、キリスト教はローマ帝国の国教になっていて、キリスト者たちはもはや風変わりな少数者ではなく多数者になります。そうなると、文化や民族や人種を越えて、生活の場で主の食卓を囲み、パンを裂くということが、この世に対して持っていた挑戦的な意味も薄れます。その過程で、聖餐と愛餐はほぼまったく分離して、聖餐は独立した宗教的儀式となり今日に至っています。

しかし、聖餐と愛餐という二つの主の食卓は、本来、深く結びついていました。聖餐なくして愛餐はなく、愛餐なくして聖餐はなかったのです。食事の場では必ず聖餐を行うとか、聖餐の場では必ず食事をするということではなく、主の食卓での愛のコミュニケーションなしに、主のパンを裂くコムニオン（聖餐）はなく、主のパンを裂くコムニオンなしに、主の食卓での愛のコミュニケーションはない、ということです。愛餐は、ただ食事のことではなく、互いに愛し合ってひとつになる生活全体の集約ですから、（愛せない苦しみや戦いを含めて）愛の生活なくして聖餐はなく、悔い改めの聖餐なくして愛の生活はないとも言えます。聖餐とは、ただ聖餐式という儀式のことではなく、聖霊による主の臨在によってそこに啓（ひら）かれる福音の奥義のこと、つまり真の意味でキリストが現在において記念されることです。

ローマカトリック教会は、洗礼と聖餐（聖体拝領）に他の五つを加えて七つの秘跡（サクラメント）を信じますが、宗教改革者たちは洗礼と聖餐の二つを教会の聖礼典とし、それに加えて神のことばの説教が行われていることを正しい教会のしるしとしました。それはローマカトリック教会への改革者たちの聖書的な抗議（プロテスト）でした。しかし、正統派を自認する教会の歴史において、洗礼式と聖餐式と説教が行われていれば、それだけで正統的な教会であるかのように形骸化します。

内村鑑三の無教会運動において、洗礼と聖餐が行われなかったのは、それが形骸化した儀式的教会に対する預言者的なプロテストであり、聖書的ないのちに立ち返る新しい改革運動だったからでしょう。聖霊のいのちから死せる正統主義へ、死せる正統主義から聖霊のいのちへということは、教会の歴史に繰り返し起こる振幅です。

今、多くの教会で共に食卓を囲む機会が、ますます少なくなって来ているように思われます。主日礼拝後、教会堂で昼食を共にすることもなくなりつつあります。食事作りの奉仕者が手薄になっているということもあるでしょうが、好きな仲間と、好きな所に行って、好きなものを食べたい、ということがあるのではないでしょうか。たかが食事と思うかもしれませんが、これは講壇から語られる福音の言葉が、きわめて本質的なところで信徒の生活に根づいていないということです。そういう中で、日々聖書を学ぶ机と、日々共に食べる食卓と、主日礼拝式において愛餐と聖餐が行われる食卓がひとつであることは、信仰と生活との関わりを考える際に、とても重要な意味を持っているように、私には思われます。

終わりに、聖餐と愛餐について考えるとき、私の心に浮かぶ言葉を引用します。

「そして、私たちは言う。『イエスよ、あなたがいてくれることは嬉しいんですが、このいろんな色のあなたの兄弟たちは、みんな家に帰したほうがよろしいかと思います。あなたが中にお入りになったら、フライドチキンを食べることにしましょう。ただ、病気もちで、裸で、有り難くもない兄弟たちは、ここから追い払ってください。彼らに絨毯を台無しにされたくないんでね。』」（クラレンス・ジョーダン『コットン・パッチ・バイブル』）

「しもべたちの共同生活が親密になり、互いの関係が深まる程に、聖餐が共同体の中心になって来たんだ。」（ジム・ウォリス）

第7章　修道院の起源——祈りと労働のリズムの回復

キリスト教生活共同体の歴史を語るのに、修道院を無視することはできません。プロテスタント教会では、修道院生活を世の現実からの逃避として否定的に考える見方が支配的です。修道院の壁に閉ざされた聖域においてではなく、ただ聖書のみを信仰と生活の唯一絶対の規範として、世俗社会のただ中で神に従う生活を実践することがプロテスタントを生んだ宗教改革の主張です。

この世界を聖と俗という二つの領域に分けて考えるのではなく、世の職業や家庭と社会の生活も神の栄光を現す聖なる召しと受けとめる信仰と精神的雰囲気（エートス）が、中世から近代へ移行する歴史形成力となりました。それは今日においてもプロテスタント教会の大切な精神であり、その倫理を形づくるものであることに変わりはありません。

しかし、近代世界は「神」という中心を喪失して「我」（エゴ）が中心となり、個人のみの平和と果てしない欲望の追求という享楽的な価値観に行き着きました。労働や職業も欲望追求

という この世の価値観に組み込まれ、クリスチャンも宗教という限定された領域で個々人が信仰生活をしながら、生活全体においてはこの世のあり方に倣い、神の民（共同体）として世の光、地の塩となって生きるあり方や価値観を喪失しているように、私には思えます。

そのような中で、修道院の起こりや、その生活が今日のクリスチャンに語りかけることは多いと思います。何よりも修道院的伝統は、共に生きる生活のための信仰と知恵の豊かな泉でもあります。そこでまず、修道院とその共同生活の起源を、当時の歴史背景に照らしながら考えてみましょう。

Ⅰ　砂漠の修道士たち――教会の世俗化の中で

初期キリスト教の歴史には、今日にまで続く重要な転換点があります。紀元三一二年、コンスタンティヌス大帝がキリスト教に回心し、その翌年、礼拝の自由を宣言したことです（ミラノの勅令）。それをきっかけにして、キリスト教はローマ帝国の国教となり、迫害の時代は終わりを告げました。しかし、それは教会が国家権力と結びついて特権を享受する時代の始まりでもありました。クリスチャン人口は劇的に増加しましたが、同時に、いわゆる聖職者を含めてクリスチャンがキリストに従うよりも、この世と調子を合わせる信仰の世俗化が進行しました。そのような中で、四世紀から五世紀にかけて、迫害時代のように自分を犠牲にして主に従う狭き門を求めるクリスチャンたちが、エジプト、パレスチナ、シリアの砂漠で、生温くなった都市の教会に対抗するような生活を始めました。彼らや彼女たちは、砂漠の師父、師母と呼ばれます。

そのひとりで「修道生活の父」と呼ばれるアントニオスは、エジプトの裕福な農家に生まれました。クリスチャンであった両親の死後、彼はその豊かな財産を受け継ぎますが、熱心に信仰を求めるようにもなります。ある日、教会に向かう途中、すべてを捨ててキリストに従うためにはどうすべきかを考えました。するとその日の礼拝式でマタイの福音書19章21節が朗読されます。

「完全になりたいなのなら、帰って、あなたの財産を売り払って貧しい人たちに与えなさい。そうすれば、あなたは天に宝を持つことになります。そのうえで、わたしに従って来なさい。」

アントニオスはみことばに心を打たれ、すべてを売り払い、財産を貧者に施し、砂漠に向かって出発します。そこに彼の聖性を慕って指南を受ける人々が集まりました（アタナシオス『アントニオス伝』）。

孤独を求めて砂漠に逃避する生活や、その極端に思える禁欲生活に、私たちは違和感を覚えるかもしれません。しかし、彼らをそのような決断と行動へと促した動機が、教会が世俗化してキリストに従う信仰生活が忘れられつつあった時代において、聖書に記された「使徒的生活」を実践したいという「初代キリスト教会への強烈なノスタルジー（郷愁）」にあったことを忘れてはなりません。

砂漠の師父や師母たちは、様々なタイプの結びつきによる集団を形成し、そこに共同生活と呼べるものが出現しましたが、それはなお砂漠への逃避という性格の強いものでした。

Ⅱ　共同体的な修道院の誕生

砂漠の師父／師母たちの隠修士的で不確かな共住生活を、より固定したバランスのとれた修道院制度としたのはパコミオスです。紀元三一四年頃、彼はローマ帝国の軍務に服しているときに、クリスチャンのグループに出会い回心します。「彼らはすべての人に善を行い、天の神のために我らを愛をもって遇してくれた」とパコミオスは語っています。軍務を終えると彼はすぐにクリスチャンの共同体に加わり洗礼を受けますが、その日の夜、天からの露が彼の手の中で蜜に変わる幻を見ました。天からの声は「人類に仕え、汚れなき者として神にささげるために、人々の魂を装え」と彼に告げます。パコミオスは、その声に従い、紆余曲折を経て、エジプトのテーベ一帯に七つの男子修道院と二つの女子修道院を設立しました。彼が目指したのは、キリストに従う使徒的生活であり、新約聖書に記された兄弟愛の実践でした。

パコミオスは、二人の修道士を小さな一部屋に住まわせ、十の部屋で一軒の家を構成しました。家々は修道士の技能や任務で分けられ、一人の霊的指導者によって管理されました。修道士の生活は規則正しいもので、朝の祈りに始まり、労働へと続きます。労働は、服の仕立て、機織り、大工、農作業や庭仕事、パン焼き等ですが、その担当は一週間毎の交替制でした。夕べには全体で指導に耳を傾け、みことばを唱え、神学を語り合いました。部屋に帰って眠りに就く前に祈りの時が持たれます。食事は日に二度、パンに調理された野菜とドライフルーツが添えられました。

修道院生活の目的は、規律を守ることではなく、キリストの受肉と犠牲的な死、隣人に仕える愛、謙卑や親切を行動の模範とする内面の霊的成長を養うことにありました。そこではパコミオス自身の生き様《よう》や姿が大切な役割を果たしました。彼は自分自身が祈りと労働の生活をする中で、謙遜と親切、霊的な知恵を示し、共同体に生きる修道士たちの霊的な益と新しい創造のために全精力を注いだのです。その目的は、罪深い人類において、神のかたちを回復するために働くことにありました。

もしあなたが汚れない心の謙遜な人を見るなら、それだけで十分な大いなる幻である。神の神殿である目に見える人間に、目に見えない神ご自身を見ることにまさる幻はあるだろうか。（パコミオス）

修道院運動はエジプトの東方教会の伝統の中に生まれ、やがて大バシリオスやアウグスティヌスを経て西方教会にも広まり、十二世紀のヨーロッパで最盛期を迎えます。

Ⅲ　修道院の中核にあるいのち——祈りと労働のリズムの回復

修道院は、聖書的時間観に基づく、日毎、週毎、年毎の生活リズムを回復しようとしました。すべての時間は神に属するものなので、神に仕え、神に栄光を帰すために時間を用いるときにのみ、私たちの時間は本来の意味を見出すと考えました。修道院は、この世に奪い取られた時間の贖いを目指したのです。それを時間の聖化とも言えるでしょう。具体的には、人間創造の目的である祈りと労働のリズムを回復しようとしたのです。それは人間創造の目的の回復でもあります。

「夕があり、朝があった」という、創世記１章に繰り返される創造のリズムについて「聖書の二拍子」（ツービート）と言った人がいます。この世の時間においては、一日は朝目覚ましが鳴るときに始まり、夕べに電気を消すときに終わる。そこでは寝ている間は一日には数えられていない。しかし、聖書では一日は夕べに始まる。神は人間が寝ている間に一日の備えをなさる。そして、朝、備えられた恵みの中に人間を呼び出す。それが「夕があり、朝があった」という聖書のリズムだというのです（ユージン・ピーターソン『牧会者の神学』日本キリスト教団出版局）。

祈りの息（リズム）を持たない労働や規律だけの共同生活であれば、サタンが支配する世にもあります。ナチ・ドイツのアウシュヴィッツ強制収容所に掲げられた「労働はあなたがたを自由にする」という言葉は有名です。多くの牧師が「処分」されたダッハウ強制収容所で、新入りの収容者が裸にされて押し込まれる建物の屋根に書かれていた言葉もよく知られています。「自由への道がある。その里程標は――従順、誠実、清潔、節制、勤勉、鍛錬、犠牲、真実、郷土愛」。

祈りと労働というリズムの大切さは、ただ祈りの時間と労働の時間があるという意味ではないでしょう。日本語の「祈り」という言葉は、「息に乗る」に由来すると読んだことがあります。祈りは、私たちの全生活をいのちの息に乗せるリズムを造るのです。

修道院の歴史を学びながら、修道院が本来目指したものや、神が時代の荒野に福音の証人を立たせることにおいて、今日の私たちの課題と共通したものをも感じました。

私の尊敬する先生が「世俗化と宗教化に抗する」ということを言われました。「世俗化」というのは、言うまでもなくこの世に倣う生き方のことであり、イエスのたとえで言えば、塩が塩気をなくすことです（マタイ5・13。ローマ12・2参照）。それに対して「宗教化」というのは、どんなに純粋であっても塩が塩壷に納められたままで、世という食物にすり込まれないでいることです。それではどんなに良質な塩であっても、塩の働きを果たすことはできません。クリスチャンが、教会堂の中でどんなに厳かな礼拝儀式や熱心な賛美集会をしていても、それが家庭や社会において主に従う生活につながっていなければ、聖書が教えるいのちの息のリズムに生きているとは言えません。

世の権力者は、宗教をただ心の内面のことと考えます。そこで、教会は社会のことには口出しせずに、ただ会堂の中で結婚式や葬式をして、祈りと慰めの言葉を語っていればいいのだと思っています。その意味では、神を教会堂の壁の内側に閉じ込める「宗教化」は、私たちの信仰を権力者が望むこの世の枠に納めてしまう「世俗化」であると言えます。私たちは、自分たちが使わされた時代の荒野に立って、世にあって世に属さず、「世俗化と宗教化に抗して」、ただひたすら神の国に向かって前進しなければなりません。神のいのちを乗せて生活に運ぶ祈りは、欲望というこの世の価値観の囚われから、私たちを愛へと解放する最高の行動なのです。

スイスの教会に伝わる古い話があります。年老いた漁師が学生を湖の向こう岸に渡らせるためにボートを漕いでいます。二本のオールの一方には「祈れ」、もう一方には「働け」と書かれています。それを見た学生は笑って言います。「祈れと働けなんて、もう古くさいよ。今は働けだけでいいんだ。」漁師がにっこり笑うと、「祈れ」と書かれたオールの手を休め、「働け」と書かれたオールだけで漕ぎだします。ボートは方向性を失い湖の中央で激しく旋回しました。慌てふためいた学生に漁師は言います。「働くだけで祈ることを忘れると、どうなるかお分かりかな。」

現代の教会は、世俗化と宗教化の波の中で、気だるく、あるいは熱心にボートを漕ぎながら、神の国へ、という方向性を失っているのではないでしょうか。そういう私たちに、修道院が最初に目指したものや、その後の歴史が教えるものは大きいと言わなければなりません。

第8章　修道院制度の確立——ベネディクト修道院

西方キリスト教会の歴史において、修道院制度を確立した最大の貢献者は、ヌルシアのベネディクト（四八〇頃～五五〇頃）です。その西欧の文化に与えた影響の大きさと深さのゆえに、二十世紀の教皇ヨハネス・パウロ二世は、彼を公式に「ヨーロッパの父」と呼びました。

ベネディクトは当時、東ゴート人に支配されていたイタリアに生まれ、ローマで学びます。しかし、頽廃の町での歓楽的な生活に嫌気がさし、二十歳のときにローマを去り、数年間、洞窟で禁欲的な生活を送ります。噂を伝え聞いた熱心な若者たちがそこに集い修道院が造られますが、ベネディクトの厳格な要求に恨みを抱いた修道士たちが彼の毒殺を計るまでになり、最初の信仰共同体の形成は失敗に終わります。再びの隠遁生活を経て、ベネディクトは、異教の地モンテ・カッシーノで偶像の祭壇を壊して、そこに修道院を創立しました。

I　ベネディクトの新しいビジョン

ベネディクトは、それまでの修道院の成功や失敗から学び、より持続性を持ち、様々な気質や背景を持った者たちが共に生きることができる制度を創出しました。彼の貢献は同時代人にはほぼ知られませんでしたが、死後しばらくしてから大きな影響力を持つようになります。

ベネディクトも、それまでの「祈りと労働」という修道院の伝統を継承しています。彼にとっては、労働も他の祈りと同じく一種の祈り、「神の労働」でした。ですから、農機具も祭壇上の祭具のように扱うように助言しています。彼の世界観には聖俗の区別はありません。

ベネディクトにおいて祈りや労働は、世から隠遁して自分たちの霊性や共同生活を支えるためだけでなく、主のしもべとして世に遣わされて、教会や世に仕えるためのものになります。ベネディクト会の修道士たちは、それぞれの地に修道院を建ててそこに定住し、宣教師や教師として働き、それが広くヨーロッパをキリスト教化することになります。ベネディクトの心にあったのは、世から召し集められて修道院に定住しつつ、世に遣わされ、世に仕える修道士たちです。マザー・テレサの修道会につながる精神のルーツはベネディクトにあります。

イタリアがいわゆる蛮族に支配されて、それまでの都市生活が崩壊したような時代、ベネディクトは学問を大切に保存し、地域の向学心に富む人々に教育を施しました。修道士たちは貴重な写本を筆写して、後世のためにそれを保存しました。修道院は、社会から投げ出されて助けを必要とする人々に避難所を提供し、病んだ人々や、疲れた旅人は、修道院で親切な手当や、食物と宿泊場所を提供されました。さらに時には、修道院で習得した技術で地域の農業指導員のような役割も果たしました。

ベネディクトの修道院で求められた清貧、貞潔、従順の心は、彼が定めた会則に記されています（古田暁訳『聖ベネディクトの戒律』ドンボスコ社）。この簡潔な会則は、今日に至るまで多くの修道院で人々が共に生きるための規範として用いられています。ベネディクトの戒律によって、信仰共同体において、ルール（規則や会則）が生活において持つ意味の本質を考えてみましょう。

Ⅱ　自由をもたらす戒律――生活の規則の背景と目的

初めにベネディクトの最初の挫折について書きましたが、「（彼の）戒律を読むと、当時の修道院内部でも、今日の日本社会のように、いじめも、引きこもりも、えこひいきも、派閥も、悪だくみもあったことがわかります」（古田暁）。

さらに、ベネディクトが生きた時代は国家や民族の間で略奪や征服が繰り返される混乱の時代でした。社会は規範を失い、そうした中を人を惑わす疑似修道巡礼者たちが彷徨していました。自己愛や欲望を求める生き方は、共同生活を送る修道士たちにも見受けられました。そういう雰囲気の中では、賢明で愛に溢れた修道院長の綿密な監督のもとで厳しく守られる生活の規則が必要とされたのです。

ベネディクトの戒律に書かれていることは、英雄的なことでも、霊的に深い世界のことでもありません。彼はただ、祈り、労働、勉強、食事、睡眠、清掃などからなる、修道院の生活の日程を作りました。毎日、いつ誰が何をするかを決めたのです。それは「人類史上初めて現れた、時間レベルまで決められた年間日程、つまり年間にわたる時間割」(古田暁氏)と言われます

ベネディクトにとって、個々の戒律を守ることはもちろん大切なのですが、重要なのは戒律を守ることそれ自体にあるのではなく、それが生み出す愛の秩序(空気)でした。ベネディクトの戒律では、共同体における愛が非常に強調されています。その愛は、厨房作業や食卓のあり方から(「食事に遅刻した者」についても!)、「服従」、「過失」、「病の床にある修友」、「老人と子ども」、「来客を迎えいれること」等々、日々の生活に即して実に具体的で、単に精神的、抽象的なものではありません。戒律は、日常的な物事において、たゆむことなく神に自己

奉献を行うことによって、愛であられる神に至る手段なのです。

と同時に、ベネディクトの戒律の独創性は、「人がその持てるすべてを捧げることを厳しく求めながら、同時に人間の弱点も認めるという一つの生き方を創ったことにある」（ブライアン・テーラー）と言われます。その戒律の特質は、厳格さと熱誠を求めながら、均衡と中庸を保ち、現実に即した柔軟性を持つところにあります。それは、不完全な人間が神の完全さを求めて歩むための、人間味に溢れた一つの緊張を伴う道であり、欲望に支配された混沌を生きる人間に真の自由をもたらすものです。

Ⅲ　神に根ざす道――『聖ベネディクトの戒律』第七章「謙遜」によって

謙遜は、ベネディクトにとって、神との関係はいかなるものであるべきかについて学ぶ道です。彼は、謙遜についての戒律を十二段階に定めていますが、ここにそれを短くまとめてみます。

第1段階　修友は、つねに神に対する畏れを眼前に掲げて、これを決して忘れない。
第2段階　修友は、我意を愛さず、また自らの欲望の満足を喜ぶことをしない。
第3段階　修友は、神に対する愛のために、徹底して従順に長上に従う。

第4段階　修友は、服従において困難で不利なことに出会い、あるいはどのような種類の不正な取り扱いを受けても、心を乱さず、忍耐に徹し、落胆せず、逃げ出さず、耐える。

第5段階　修友は、心に浮かぶ悪念あるいは密かに犯した過ちは、すべて謙虚に隠さず修道院長に告白する。

第6段階　修友は、最も卑しい最低のもので満足し、どのような作業が与えられても、自分を悪い、役立たずな働き手とみなす。

第7段階　修友は、自分は他の誰よりも劣り、卑しいと口先で言うだけではなく、心の底から固くそう信じる。

第8段階　修友は、修道院の共通な戒律と長上たちの模範が勧めること以外は、何ごとも行わない。

第9段階　修友は、口を閉ざし、尋ねられるまでは沈黙の精神を保ち、話さない。

第10段階　修友は、軽々しく、すぐさま笑わない。

第11段階　修友は、話をするとき、穏やかに、笑わず、厳粛で謙虚に、言葉少なく、道理に適った話し方をし、また大声をあげない。

第12段階　修友は、出会う人々に対して、心のうちだけではなく、姿勢においてもつねに謙虚さを示す。

謙遜に関するこの十二段階は、現代社会が教えることとは正面衝突することばかりです。現代人には人間心理を不必要に抑圧するものに映るでしょう。しかし、生活共同体で暮らしたことがある者は、そこに神に根ざして生きる生き方に関する包括的で健康な心を感得できるはずです。共に生きる生活は、単調な日々の繰り返しですが、それは物事としっかり取り組むことを強います。私たちが、この世のはかない物事から解放されて神に出会うのは、まさにそのとき、そこでのことです。この十二段階は、愛に至る創造的な単調さの道を定めてくれます。笑いに関する戒めは、ベネディクトが愛から出るユーモアを解さない人であったということではなく、はかないこの世の物事を求める浅はかな気晴らしを避けるためのものです。

生活共同体に暮らすようになって、自分に死ぬ従順を学ぶことなしに愛することはできないことを、生活の端々で思わされています。現代の教会で最も弱いのは従順ということではないでしょうか。とするならば、それは愛することの弱さであり、日々に愛を必要とする生活が教会に欠けているということでもあります。

プロテスタント教会は、宗教改革者マルティン・ルターの「我ここに立つ」という権威からの自由の宣言をもって始まりました。確かに神の前に立つ個の尊厳と厳粛さがプロテスタント魂だと言えます。しかし、神との活きた交わりと信仰の緊張を失うならば、それは容易に「どうするかを決めるのは私だ」という自己主張やわがままになります。ルターの『キリスト者の自由』の冒頭に、次のようなよく知られた二つの命題があります。

「キリスト者はすべてのものの上に立つ自由な主人であって、だれにも服さない。キリスト者はすべてのものに仕える僕であって、だれにでも服する。」（徳善義和訳）

現代の教会は、後半の第二命題を実質的に忘れているのではないでしょうか。私たちは、神の御子であるにもかかわらず、人として多くの苦しみによって従順を学ばれた主に倣って、愛するために従順を学ぶ必要があります（ヘブル5・8）。

この世の人々にとって（多くのクリスチャンにとっても！）、戒律と自由は相容れないものです。人は、ルールに従う共同体の生活に束縛を感じるでしょう。しかし、寝たい時に寝たいだけ寝、食べたい時に食べたいだけ食べ、したい時にしたいことをする生活が自由であるはずはありません。それは欲望に支配された隷属の混沌です。共同体にいても、そこで欲望を追求すれば、共に生きる生活は牢獄になります。しかし、たゆまず自己変革と成長の道を歩いていれば、次第に生活のリズムが心身に馴染み、かえってそこに自由を感じるようになるはずです。

決まり事も時代や状況とともに変化するでしょうが、規則は一人ひとりの心を守り、愛するための自由をもたらすためのものであるという本質は変わりません。そして、私たちが規則を口にするときには、いつもそのことを忘れてはなりません。最後に『聖ベネディクトの戒律』から、「厨房の週間担当者について」の冒頭部分を引用します。

修友はお互いに奉仕しなければなりません。そこで病のある者あるいは何か重要な仕事に従事している者以外は、厨房の勤めを免除されることはありません。なぜならこの勤めのためによい報いが豊かに与えられ、愛がはぐくまれるからです。ただし虚弱な者には、重い心で仕事に従事することがないように、助けを与えます。そして共同体の大小あるいは土地の状況に従って、すべての者に助けが与えられるべきです。大きな共同体の場合、総務長は厨房の勤めを免除されます。また前に記したように、より重要な作業に従事している者も、同じく免除されます。そのほかの者は、愛をもってお互いに奉仕しなければなりません。（35章の１）

第9章　フランシスコとフランシスコ会（小さき兄弟会）

キリスト教会の歴史において、アシジのフランシスコほど魅力あふれる人物はいないかもしれません。彼を知る人は誰もが彼に魅了され、またその神の前に投げ出された光り輝く貧しさに魂を打ちのめされます。

本稿では、フランシスコその人の紹介というよりも、「キリスト教生活共同体の歴史」という私たちの関心に沿って、彼が創立した修道会の歴史的意義を考えたいと思います。しかし、フランシスコという神の愛に燃え立つ魂、喜び踊るようにすべてを捨ててイエスに従うことだけを求めた弟子、ただひたすら福音を生き抜いた類い稀なる霊の人の生涯を離れて、フランシスコ会について語ることはできません。

Ⅰ　アシジのフランシスコとその時代

フランシスコ（一一八二〜一二二六）は、中部イタリアの町アシジで生まれ、そこで生涯を閉じました。裕福な織物商人で有力者である父親を持ち、フランシスコは遊蕩三昧の生活で町でも有名でした。

当時のヨーロッパは戦争と動乱の時代で、フランシスコも町を守るために何度か戦いに出ます。新しく勃興してきた商人たちは豊かで有力ではあっても、身分的には庶民階層に属していました。フランシスコには騎士になり、やがては貴族の列に連なる夢があり、武勲を上げればその道が開かれるはずでした。しかし戦場で捕虜になり、一年間幽閉されます。父親の財力で解放されますが、アシジに戻ってからは、まったく別人のように内省的になります。やがて神からの声を聴き、かつては意図的に避けていたハンセン病患者へ接吻するという身を震わす体験を経て、生活のすべてを変える劇的な回心をします。二十代前半のことです。すべては自分のものではない憐れみの力に促されてのことでした。

そんなある日、フランシスコは、生涯の使命を定める聖なる召し出しを体験します。彼がアシジにある崩れかけたサン・ダミアーノ聖堂で祈っているとき、十字架像のイエスがフランシスコに語りかけて言われました。「フランシスコよ、わたしの家が壊れかけようとしているのが見えないのか。さあ、行って、わたしのために修復しておくれ。」フランシスコは「はい、主よ。喜んで」と応えます。

当初、フランシスコは、この声を文字どおりの意味に理解して、家財を充てて（彼は父親と絶縁することになるのですが）、教会堂の修理を実行しました。しかし、後にそれが教会全体の刷新（宗教改革）への召し出しであることを悟ります。神が語りかける声に対する、ひとりの人の小さな「はい」という従順が、世と妥協して疲弊した中世キリスト教に、新しい霊の息吹を吹き込んだのです。

ある日のミサでフランシスコは、マタイの福音書のみことばが語りかけるのを聴きました。

「行って、『天の御国が近づいた』と宣べ伝えなさい。病人を癒やし、死人を生き返らせ、ツァラアトに冒された者をきよめ、悪霊どもを追い出しなさい。あなたがたはただで受けたのですから、ただで与えなさい。胴巻に金貨も銀貨も銅貨も入れて行ってはいけません。袋も二枚目の下着も履き物も杖も持たずに、旅に出なさい。働く者が食べ物を得るのは当然だからです。……その家に入るときには、平安を祈るあいさつをしなさい。」

（10・7〜12）

それこそフランシスコが「望み、捜し求め、心から熱望していたもの」でした。彼の説教壇は教会堂の中ではなく、納屋の干し草、広場のベンチ、通りや公共の建物の階段。そこで彼はミサで使われたラテン語ではなく、普通の庶民の言葉で語りかけたのです。
フランシスコは、ただひたすらにキリストに従うことを求め、神と人々への奉仕に生き、小さな者であることを願い、自分に死んでキリストに忠誠を尽くす神の国の騎士になりました。

Ⅱ　フランシスコからフランシスコ会へ

フランシスコの回心からほどなくして、彼のもとに人が集まり、生活共同体が形成されます。最初の二人の仲間が加わったとき、彼らは近くの教会に行き、祭壇の上に置かれた福音書の前に跪き、導きを求めて祈ります。彼らが三度福音書を開くと、次のみことばが目に留まりました。

「完全になりたいのなら、帰って、あなたの財産を売り払って貧しい人たちに与えなさい。」（マタイ19・21）
「旅には何も持って行かないようにしなさい。」（ルカ９・３）
「だれでもわたしについて来たいと思うなら、自分を捨て、自分の十字架を負って、わたしに従って来なさい。」（マタイ16・24）

フランシスコ会は托鉢修道会と呼ばれます。従来の修道団体は、固定した住居に住んで閉鎖的な生活をしていました。その利点は何よりも経済的な安定にありました。そこでは修道士の経済的な問題は永久に解決されていて、その安定の中から修道院は種々の学問的・文化的業績や歴史的遺産を生み出したのです。しかし、托鉢修道士は世間と交わるために移り住みながら放浪します。それゆえに、その日、自分たちが夕食をとる場所や眠る場所を知りませんでした。

そういう過酷に思える生活について問う者や嫌悪感を示す者に、フランシスコはこう答えました。「もしわれわれが何か財産を持っていれば、われわれはその財産を守るために武器と法律を必要とするであろう。」

フランシスコは貧しさを受け入れるだけでなく、それを追い求めましたが、それは貧しさそれ自体のゆえではなく、イエスご自身が貧しく、彼の愛する主が貧しい者たちを愛されたからです。彼は自分の正しさに固執する人ではありませんでしたが、貧しさに徹する生き方に関しては生涯自分の正しさを確信し、妥協しませんでした。それは狂信的なあり方とは正反対の論理的な明晰さからもたらされた確信で、ただそこにだけ何にも依存しないで主への従順に生きる道があることを見ていたからです。貧しさのゆえに、彼は愛することに風のように自由でした。

一二〇九年に定められたフランシスコ会の最初の規則は、単純に福音書の言葉に少しの説明を付したようなものです。その後、フランシスコ会は急速に発展し、創立八年後には数千人のメンバーになり、五十年も経たないうちにヨーロッパ全地に教会が建てられるようになります。会士の増加や働きの拡大や生活様式の多様化は、会の組織化の急務や、政治力による内紛をもたらしました。一二二一年の第二会則を経て作成された一二二三年の改訂会則では、フランシスコの言葉を言い換えながら、そこに多くの法的な規定や言い伝えが加えられるようになります。

本来組織の強化を目的としないフランシスコの霊的意図と、拡大するフランシスコ会の歩みとの間隙は広がる一方でした。彼は会の運営からは離れるようになり、山中に退修して修道生活に没頭します。フランシスコは死の直前、「遺言状」を教皇庁に提出して、貧しくあることへの初めの愛を訴えます。しかし、フランシスコの訴えは認められず、彼の死後四年を経ると、修道会は財産所有を教皇庁から認められ、その後フランシスコ会は、緩やかな規律を標榜する多数派と、初めの志を維持する厳格派との対立や分裂、また改革を繰り返しました。

フランシスコと最初の仲間が、最初の会則の認可を受けるためにローマ教皇の前に立った際、教皇イノケンティウス三世はぼろをまとった貧しい男に言いました。「愛する子らよ、あなたがたの熱心についてては安心している。しかしあなたの歩みたい道は、これから続いて来る人たちにあまりにもきびしすぎないか、考えてみなければいけない。」すると聖パウロのジョバンニ枢機卿はフランシスコを弁護して言います。「私たちがそのような口実でこの貧者の願いを拒みますと、福音は実行不可能であると宣言することになり、福音の創始者であられますキリストを冒瀆することにならないでしょうか。」（オ・エングルベール）——教皇と枢機卿のこのやり取りは、拡大発展するフランシスコ会の中心的な問題を照らすものですが、それはフランシスコ会だけの問題ではなく、私たちも向き合わされる本質的な中心課題でもあるでしょう。

フランシスコ会の正式名称は「小さき兄弟会」です。フランシスコは、イエスにおける「神の謙り」を考え方と生き方の源とし、弟子たちと共に、謙虚に、貧しく、互いに兄弟として、神と人々に奉仕することを生活信条にしました。組織が拡大発展する中で、どこまでも最初の「小ささ」に、「初めの愛」に立ち返りつつ歩まなければなりません。

Ⅲ　フランシスコ第三会

フランシスコ会は、まず独身者の男子の共同体として始まります（第一会）。そこにアシジの貴族クララによって創められた女子の独身者の共同体「貧しき貴婦人の会」が加わります

（第二会）。しかし、フランシスコの新しい共同体運動の幻は、閉ざされた修道院の聖域での生活から、通りに出て行くことにありました。

フランシスコと仲間の十二人が教皇との謁見から戻って来た際、町の人々が出て来て、仕事も財産も家庭もそのまま放棄して、その場ですぐに神の軍勢に加えていただきたいと乞うたと言われます。フランシスコが、人々が普通の人間の家庭や習慣を棄てないで、この運動に参加できる第三会の理念を初めてほのめかしたのは、その時であったようです。チェスタトンによれば、第三会は「普通の人が非常な歓喜をともないつつ、なおも普通な状態にとどまるのを助けるために設けられたもの」であり、「力によってではなく説得によって、しかも無力の説得によって、霊的な軍隊を住民の中に夜営させるためのフランシスコ的計画の大胆さと単純さ」によるものです。フランシスコには、この世の普通の生活に対する深い共感と敬意がありました。そこで、彼は通りで回心した様々な身分や職業の人々に、福音とあまりにもかけ離れている世俗にあって、キリストに従って福音を証しする生活を求めたのです。

宗教改革の三百年も前に始まり「在世フランシスコ会」として現在にまで続く第三会の運動は、プロテスタントの立場からも霊的に歴史的なルーツに数えられますが、私はそこにこの時代における教会に問いかける重要な役割を見ます。それはこの時代の暗闇の最前線に夜営する御国の兵士の交わりなのです。

フランシスコをめぐる多くの逸話の中で、兄弟レオネと交わされた「完全な喜び」についての対話は深く心に残ります。

「兄弟なる神の小羊よ、ペンを取ってもらいたい。少し書いてほしいから」とフランシスコは言います。「用意はできております。師父よ。」「完全な喜びについて書くのです。」

「かしこまりました！ 父よ。」

「ああ、よろしい！ たとえ使いのものがやって来て、パリにいるすべての学者がこの会に入ったと私たちに知らせても、そこには完全な喜びはないのだと書きしるしなさい。その同じ使者が、また、世界じゅうのすべての司教、大司教、高位聖職者がた、それにフランスやイギリスの王様までが小さき兄弟会の修道士になられたと知らせても、まだ、まことの喜びを持つ理由にはならないのです。たとえ、私の兄弟たちが異教徒のもとに行き、最後のひとりまでもことごとく改心させたとしても……」

「そのときは？ 父よ。」「ああ、そのときでさえも、兄弟レオネよ。まだ完全な喜びではないのです。」

フランシスコは続けて、人々が目を見張るような不思議やしるしにも完全な喜びはないと言います。そして、神の愛のための完全な喜びについてこう語ります。冬の真っ暗な夜に「氷片が私の修道服をかちかちに凍らせ、どろと雪にまみれて、飢えと寒さにへとへとに疲れて」、やっとわが家に帰って来る。しかし、戸口で罵られ、殴られ、追い返される。「ああ、兄弟レオネよ、このとき、もし私が神の愛のために、こうしたすべてを耐え忍び、それを喜びと愛をもって受けることができれば……そのときこそ、私は完全な喜びを見いだしたのだ。」そして、フランシスコはこう結んでいます。「キリストがその友のために与える聖霊の恵みと賜物のうちで最も大いなるものは、己に打ち克ち、キリストへの愛のゆえに苦難、恥辱、困窮に喜んで耐えることだ。」（『聖フランシスコの小さき花』）

疲労困憊して、骨と皮だけになったようなフランシスコの遺骸には、聖痕（十字架のキリストと同じ傷痕）が刻まれたと言われています。

第10章　ヴァルド派（リヨンの貧者）――正統と異端の間

その時代に主流を形成する正統と呼ばれる教会組織が、世の権力と結びついて堕落し、世俗的な利得や価値観に染め上げられるとき、神は時代の荒野に神の人（預言者）を呼び起こし、徹底してご自身に従おうとする生活共同体を生み出される――これは神の民の歴史に繰り返し起こる召しでありみわざです。

アシジのフランシスコとほぼ同時代――十二世紀から十三世紀のヨーロッパでは様々な改革運動が起きましたが――中世末期のフランスに、ピエール・ヴァルデスという人に導かれたヴァルド派（「リヨンの貧者」とも名乗りました）と呼ばれる平信徒運動が起こりました。ヴァルデスの精神はフランシスコととても似ていましたが、フランシスコ会が当時のカトリック教会に受け入れられたのに対し、ヴァルド派は異端として教会から激しく迫害されました。彼らは地下活動をしながら何世紀にもわたって存続しますが、一六五五年四月の復活祭の前後、ピエモンテの谷に住むヴァルドの信者たちは、教皇庁の了解のもとに、サヴォイア家とフランス王国の連合軍によって徹底的に虐殺されました。英国の詩人ジョン・ミルトンは、この虐殺を追憶の詩「ピエモンテの虐殺」に書きました。ミルトンはヴァルド派をプロテスタントの先駆者と認め、「私たちの祖先がすべて木石を神として拝んでいた時、主の遠き日の純乎たる真理を守った」と述べています。

今度は少し観点を変えて、ヴァルド派によって、教会史における正統と異端の問題を考えてみたいと思います。

I　ヴァルド派の起こり

ヴァルド派の創始者とされるヴァルデスは、フランスの古都リヨンの富裕な高利貸し業者でした。中世キリスト教社会において、何の労働もしないで利益を得る高利貸しは、救いに与れない賤業とみなされていました。

一一七三年頃、ヴァルデスは、吟遊詩人が路上で謳う「聖アレクシス伝」を聴き、この世の富の空しさに気づき、深い回心を体験します。自分が蓄えてきた富に罪責感を抱いたヴァルデスは、司祭のところに行き、いかにしてまったきクリスチャンとして生きられるかを尋ねます。司祭は、福音書の富める青年の話をして、「帰って、あなたが持っている物をすべて売り払い、貧しい人たちに与えなさい。……そのうえで、わたしに従って来なさい」（マルコ10・21）という主イエスの言葉を彼に告げます。

聖書の金持ちは「悲しみながら立ち去った」のですが、ヴァルデスは、主の言葉を文字どおりに実行しました。彼は財産を妻に分与すると、聖書翻訳に関わる費用を除く残りのすべてを――ある所では文字どおりに地にばらまいて――貧しい人々に与えました。そして、町々を巡って説教をしながら、人々の喜捨を受けて生活するようになります。アシジのフランシスコよりも五十年ほど前のことです。

ヴァルデスは、知り合いの二人の聖職者に新約聖書と四人の教会教父の著作の俗語訳を依頼します。当時は、聖職者の言葉であるラテン語訳の聖書があるだけでした。平信徒のヴァルデスはラテン語が読めません。彼は俗語訳で聖書研究をし、聖書を手がかりに「使徒的生活」を模倣しようとしました。また、神のことばを熱心に暗記して、路上に出て民衆の言葉で説教しました。

ヴァルデスの回心から三、四年後、彼に共感する人々がまわりに集まり、清貧と遍歴説教に生きる平信徒の共同体が形成されます。ヴァルド派と呼ばれる彼らや彼女たち（女性も説教をしました！）が目指したのは、聖書に書かれてあることだけを忠実に実行して、本質的に初代教会に回帰することでした。彼らの働きは中欧や東欧に広がって行きます。

Ⅱ　ヴァルド派はなぜ異端とされたか

ヴァルデスは、当初、自分たちの説教運動をあくまでも教会内の働きとして考えていました。実際、一一七九年にローマで開かれていた第三回ラテラノ公会議に出向いて――「毎回必ずリヨンの司教の了解を得る」という条件づきで――一度は托鉢修道会「リヨンの貧者」として、遍歴説教への教皇の認可も得たのでした。しかし、結局ヴァルド派は、一一八二年頃リヨン大司教から破門され、一一八四年には教皇ルキウス三世から「離教者」として警告された後、一二一五年の第四回ラテラノ公会議において、異端宣告を受けることになります。

ヴァルド派が異端宣告を受けた理由は大きく二つあります。一つは、公式な許可を受けずに自由に説教をしたということです。平信徒である彼らの説教は、「霊感なしの説教」、「誤りだらけの説教」として教会から非難されました。何より清貧を求める彼らの生き方や説教は、蓄財によって腐敗した教会組織や聖職者にとって心地よいものではなかったのです。二つめは、聖書主義に徹底した彼らが、聖書に書かれていない教会の伝統的教義や慣習――洗礼、聖体、告解を除くすべての秘跡、煉獄の存在、聖人への祈り、死者のためのとりなし、各種の祝祭日等――を否定したことです。しかも彼らは、平信徒が男女を問わず秘跡を授けられるとしました。それによって、教会の根幹をなす聖職者制度だけでなく、教会の権威そのものをも軽視することになりました。

ヴァルド派は、「人（教会）に従うより、神（聖書）に従うべき」（使徒5・29）ということで、ますますその急進的な傾きを強め、激しい迫害と苦難の歴史の中で、自分たちをローマに代わる「真の教会」として意識するようになります。ヴァルデスにピエール（ペテロ）という名がつけられたのは、彼の死後百五十年もあとの十四世紀の古文書からとされていますが、それはヴァルド派こそが使徒の真の後継者であるという意思が反映していると思われます。

Ⅲ　異端とは何か

ヴァルド派の信仰は、後の宗教改革に大きな影響を与えます。とりわけ、後のフランス語訳聖書につながる最初の俗語訳や聖書研究の伝統が宗教改革に与えた貢献は大きいと言えます。宗教改革以降、ヴァルド派は、プロテスタントの一派として認められるようになります。彼らは当時のカトリック教会から異端として断罪され、歴史家によってもたびたび、同時代の異端カタリ派と並べて「異端ヴァルド派」と呼ばれてきました。しかし、プロテスタントの立場からは、ヴァルド派はその福音主義的・聖書主義的特性において、宗教改革の先駆者であり、歴史的に正統な信仰に属し、異端とは見なされません。ドイツのヴォルムスにある宗教改革記念碑（一八六八年建立）には、ルターの宗教改革に貢献した人々の群像のなかに、その先駆けとなった中世の教会改革の指導者として、イングランドのジョン・ウィクリフ、ボヘミアのヤン・フス、フィレンツェのサヴォナローラとならんで、ピエール・ヴァルデスの像もあります。

「異端」とは何でしょうか。根本的には聖書が教える三位一体の神を否定する教えと考えられます。すなわち、エホバの証人、モルモン教、統一協会のように、イエス・キリストが人となられた神であること、また聖霊が神であることを否定する非聖書的な教えです。その真理を否定すれば、聖書が語る救いもありません。

それ以外の細かな教理のことで、自分たちとは聖書理解や信仰の表現が違う人々にやたらと異端のラベルを貼るべきではありません。聖霊によって異端を見分けることは大切です。聖書的な信仰に堅く立ち、より聖書的な信仰告白を求めることも大事です。しかし、自分たちの正統性を主張するために、ある人々を異端呼ばわりすることは、聖霊を汚し悲しませることとして、神を畏れつつ慎むべきだと私は考えます。

また、正統的な信仰を自負する者たちは、自分たちが「異端」と断じる者たちに向き合うときに、ただ非難するだけでなく、そこに省みて見つめるべき自分たちの姿がないかを考える必要があります。時には、自分たちが異端呼ばわりする人々が生まれる歴史的要因が、正統性を自負する自分たちの生き方の間違いにあるのではないかということを思いみる必要があります。ヴァルド派の歴史を想いながら、その時代の正統を形成した教会から異端視された人々の信仰的意義や、歴史形成的な役割ということを考えさせられます。

ただそれとともに、聖書でパウロが「異なる福音」（Ⅱコリント11・4）とか、「ほかの福音」（ガラテヤ1・6）と語る敵対者たちは――すなわち、異邦人クリスチャンに割礼や律法の遵守を強いるようなユダヤ主義的な人々は――新約聖書に登場する他のグノーシス主義的な異端とは異なり、必ずしもイエスや聖霊の神性を否定したり、神の御子がまったき人間となられたことや、イエスがキリスト（メシア）であることを否定したりはしなかったのではないでしょうか。しかし、パウロは、彼らの教えを、自分たちが宣べ伝えたのとは「別のイエス」、「異なる霊」によるものと断言しています。神の民を惑わす、羊のなりをした狼（偽預言者）は、明らかな異端とは違い、必ずしも聖書の根本教義において間違っていないかもしれません。そこで重要なのは「実」です（マタイ7・15～20参照）。それは、ユダヤ人とギリシア人（異なる者）が、キリストにあって、互いに愛し合ってひとつになるという、福音にふさわしい生き方に示される御霊の実です。

異端宣告を受けたヴァルド派の長い苦難の歴史には、ただ宗教や信仰の問題だけでなく、近代の夜明けにおけるカトリック勢力とプロテスタント勢力の自分たちの利権をめぐる政治的抗争が深く関わっています。ヴァルド派という名称には、カトリック教会から「魔女」や「魔術」という意味合いが付け加えられました。人間は、ある種の恐れから相手を抹殺しようとするときに、相手を人間以下のもの、あるいは異界の者と位置づけ、相手にそれにふさわしい軽蔑的な、あるいは忌まわしいあだ名をつけます。そのままにしていたら何をするか分からない危険な存在なので、どんな手段をもってしても撲滅するのが神のみ旨であり、正義だと考えるのです。そして、その作戦や武器には、良心を糊塗するような誇らしげで高貴な——時にはユーモラスな——名がつけられます。

立場を変えながらいつの時代にも起こる——あるいは、私たちの心の中に起こる——正統と異端をめぐる抗争、正義と悪をめぐる抗争を思うとき、私は主イエスや弟子たちのことを思い起こします。

イエスの時代、ユダヤ人にとって憎むべき最大の異端はサマリア人でした。実際、サマリア人は神殿の礼拝で公に呪われました。サマリア人の立場からも同様の憎しみがありました。互いの憎しみには、打ち消すことのできない古くからの歴史的要因、また繰り返される社会的暴挙がありました。そういう重く暗い現実の中で、異端とされたサマリア人への主イエスのまなざしを私は思います。たとえば、「善きサマリア人のたとえ」（ルカ10章）の衝撃は、当時の歴史的な状況の中で、イエスがサマリア人を登場させて、あのような話をされたこと自体にあります。エルサレムを目指して進んでおられたイエスを、サマリア人が——そこがゲリジム山ではなかったので——歓迎しなかったことがあります。主の身近に仕え、最も正統的な弟子であることを自負するヤコブとヨハネが、「主よ。私たちが天から火を下して、彼らを焼き滅ぼしましょうか」と言います。イエスは振り向いて彼らを戒められました（ルカ9・51〜56）。その主イエスのまなざしを私は思います。

ヴァルド派は、近代を生き抜いて、今も彼らの活動の中心地であるアルプス山脈のふもとの「谷」で生活しています（西川杉子『ヴァルド派の谷へ——近代ヨーロッパを生き抜いた異端者たち』山川出版社）。

二〇一五年、ローマ教皇フランシスコが、ピエモンテの虐殺を含むヴァルド派へのカトリック教会の迫害を謝罪したことは記憶に新しいところです。一二一五年の異端宣告から八百年後、ピエモンテの虐殺からは三百五十年後のことでした。

第11章　ベギン運動――世俗社会と修道院の間に生きる女性たち

十二世紀から十三世紀のヨーロッパで、様々なキリスト教の改革運動が起きましたが、平信徒運動の興隆はその意義深い特色です。第19章で紹介したフランシスコ第三会（在世フランシスコ会）や第10章で取り上げたヴァルド派も、その時代に生まれた平信徒運動です。

中世社会は聖俗二元論に特徴づけられます。働きや務めに関して聖職者と平信徒の別があり、生活の領域において教会や修道院の聖域と俗なる世界が区別されました。またそこは聖俗双方において男性中心世界でもありました。

そうした中、修道院に所属せず、平信徒として世俗社会の中で生活共同体を形成して、キリストに倣って質素な生活をしながら、貧者や病人に仕える敬虔な女性たちが現れました。ベギンと呼ばれたその女性たちは、初めネーデルランドやドイツに現れますが、運動は急速にフランス、スイス、ポーランドなどの北ヨーロッパ全域に広がり、一二四三年までにはライン川流域だけでおよそ二千人のベギンがいたとされ、宗教改革の頃には百以上の都市に、三百以上の彼女たちが共に住む地域があったと言われます。本章ではこの世俗社会と修道院の間に生きた女性たちを紹介しましょう。

I　ベギン運動とは

ベギンと呼ばれる女性たちは、特定の人物を創始者としてひとつの会派や組織を形成したのではなく、同じ信仰の志を持って各地域に様々な形で現れた運動の担い手たちです。ベギンという呼び名は、かつては代表的な指導者の名に結びつけられましたが、今はその意味は定かではないとされます。あだ名のようなものであったかもしれません。

ベギンの組織形態には地域差がありましたが、初代教会の愛の交わりと生活を回復しようとする点において志は共通していました。初期のベギンには富裕な出身階層の女性たちが多いのですが、彼女たちは清貧の理念に深く影響されて、物質的な富を自ら放棄したと言われます。ベギンは礼拝と祈りの中で質素な生活や貧者や病人に仕えて生きる誓いをしますが、財産は自分で管理し続け、経済的には自活することを原則としました。また終生の独身と奉献を誓う修道院とは違い、結婚等の理由からいつでもベギンとしての生活を離れる自由がありました。ベギンは修道院のような厳格な修道規則を持ちません。その意味では正式な修道女の資格から見れば、ベギンは半俗半聖の自称修道女とも言えます。

ベギンは好んでドミニコ会やフランシスコ会の教会の近くに集住し、その礼拝堂に通いました。彼女たちの祈りの生活は托鉢修道会の霊性に養われ、托鉢するベギンの姿も知られています。十四世紀になると多くの主要な都市にベギン館が設立されて共同生活が推進され、ほぼすべてのベギンがベギン館に住むようになります。一軒あたりの共同生活者の数は六～五十人と言われています。ただベギン館の周辺には共同生活をしないベギンたちもおり、ベギンではない一般の単身女性も多く住んで交わりの生活を形成していました。

ドイツ諸都市ではベギンの生活空間を世俗の生活空間から完全に分離する試みはなされませんでしたが、ネーデルランドでは都市の端にベギン専用の居住地（ベギンホフ）の建設が行われ、ベギンホフはしばしば壁に囲まれた自治的な小都市の様相を呈しました。そこでも共同生活を好まないベギンは、経済力が伴えば一戸建ての家に住むことが可能でした。中世の世俗的な都市でキリストに倣う敬虔と勤労を追い求めたベギンは、個々人の生活スタイルについては、型にはまらずゆるやかで、主にあって自由でした。

Ⅱ　ベギンの活動と奉仕――学校、聖霊の食卓、施療院

　ベギンの生活は自活が原則でしたが、彼女たちの経済を支えた主な仕事は紡績や織布でした。他にも洗濯業や裁縫などの針仕事、布さらし業等で収入を得ました。資産家のベギンは、家屋や土地の売買、賃貸から生じる金銭や穀物などの収穫物や遺産を献げてベギン館やベギンホフの活動や奉仕を支えました。

　ベギンが密集して住む地域で、ベギンによる学校が運営されていたことが知られています。ベギンは母子家庭の親子を迎え入れましたから、共同生活には子どもたちもいました。学校教育のおかげで、子どもに限らず、ベギンにおける識字率は高かったと言われています。

　ベギンホフにおいては、経済的に自立できないベギンのための救済制度がありました。聖霊の食卓（聖霊ターフェル）は、貧しいベギンのために、決まった日に穀物等の食糧、手仕事のための布等の物資を配給しました。その収入基盤は、ベギンホフが所有する土地からの収入や、市民やベギンからの献げものにありました。貧しいベギンは、特定の祭日には「聖霊の家」に集まって祝宴にあずかりました。その食卓にあずかる貧民は、ただ経済的条件だけでなく、人々に評判のよい者で、酒や賭博に関する倫理的条件をも満たさなければなりませんでし

たが、その援助は非常に内容のある実質的なものでした。
治療院は、病気のベギン、孤独な生涯の末に老いて体のきかなくなったベギンの生活の場でした。入居者は、当時としては粗食とは呼びがたい三食の食事が支給され、ベッドに横たわったままでミサにあずかれました。厳格な身分制度が支配していた中世社会で、ベギンの治療院のようなものが主にあって何の社会的差別もなく運営されていたとすれば、信仰深い女性たちがベギンホフに入居したいと願った理由は推測されます。

Ⅲ　女性運動としてのベギンの社会背景

北ヨーロッパ全域にわたるベギン運動の広範かつ急速な展開は、世にあってキリストに倣って生きようとする敬虔で熱心な女性たちの存在をその運動の端緒と核に持ちます。しかし、プロテスタント教会の誕生につながる十五世紀のカトリック教会内の宗教改革運動がそうであったように、そこには女性運動としてのベギンの爆発的な増加をもたらした時代や社会の背景があったと考えられます。

まず第一に、当時の修道院の状況が考えられます。西欧中世社会において、女子修道院は男子修道院に比べて格段に数が少なく、女性が修道院生活に入る道は狭く閉ざされていました。

しかも十二世紀初頭までの修道生活はもっぱら貴族のもので、高額な持参金を必要としました。そのような中で、ベギンは貴族階層を超えて中下層に広まりつつあった修道願望、とりわけ都市が生んだ新興階層の修道願望を吸収して成長したと考えられます。

第二は、社会経済的な背景です。北ヨーロッパの低地地方、またライン河流域を中心とするベギンの増加が著しかった地域は、中世西欧の都市文明の二つの中心の一つでした。その地域の基幹産業であった織布は国際的に取引され、都市の富の源泉でした。世俗社会との境界を行き来しながら敬虔で勤勉に生きるために単身女性の自活を旨とするベギンにとって、そのための主要な生計手段が得られる社会経済的な条件が整っていたことには大きな意味があります。

第三は、修道者を広義に解釈して労働を肯定的に評価する、その時代の精神的雰囲気（エートス）です。中世後期の社会は修道院の禁域や誓願に拘束されることのない、世俗化する都市で労働しながらキリストに倣って生きる道、しかもすべての女性に開かれた道を――「怪しげな女たち」へのカトリック教会側からの迫害も小さくはなかったのですが――積極的に評価しつつありました。後に宗教改革者マルティン・ルターは、彼が翻訳したドイツ語聖書において、この世における労働をいわゆる聖職者と同じ神の「召命」（ベルーフ）と理解しましたが、同様の意識の萌芽がすでにベギン運動に見られるように思います。

このような背景を考えると、女性運動としてのベギンの展開は、宗教運動であると同時に、その時代が求めた社会的な解放運動であったようにも思えます。信仰のゆえに家庭や財産を捨てたベギンたちがいました。しかし正規の修道女たちがそうであったように、おそらくベギンと呼ばれた女性たちのすべてが敬虔で信仰熱心であったわけではないでしょう。高貴な家門の独身女性が名誉を失わずに自活するために、あるいは貧しい単身女性たちが生活を維持するためにベギンとして生きる道を選び取ることもあったと思われます。貧しい者や病人に仕えるベギン館やベギンホフの共同生活は、ただベギンになることを選び取った人々だけでなく、ベギンが住む地域に身を寄せて来たベギン以外の単身女性たちにも、キリストに倣って愛に生きる幸いを教えました。そのような意味では、ベギンの運動は、中世西欧というキリスト教社会において、真の弟子の道を伝える福音宣教であったとも言えるように思います。

この世の歴史がそうであるように、男性中心社会にあって、キリスト教会の歴史も男性を中心にした物語として描かれます。しかし、神の国を推進する担い手として、女性は常に重要な役割を果たしています。地上を歩まれる主とともに旅をしながら「自分の財産をもって」仕える女性たちがいました（ルカ8・1〜3）。主の受難、埋葬、復活、すなわち主の福音の第一級の証人は、女性たちであることを四福音書は伝えています。エルサレムに始まった新しい生活共同体においても、女性は男性のパートナーとして働き、パウロの協力者プリスカ（プリスキラ）のように、リーダーシップにおいて夫（アキラ）の前面に立つ場合もありました（ローマ16・3等）。女性は集会において祈りや預言をしました（Ｉコリント11・5）。女性たちの中には「使徒」と呼ばれる者もいました（ローマ16・7で長く男性名「ユニアス」という写本が採用されてきた箇所は、女性名「ユニア」〈新改訳２０１７本文〉と訳されるべきです。「使徒」の理解に関しては新約聖書翻訳委員会の青野太潮訳と注を参照）。新約聖書がときに教会内の女性のあり方を厳しく戒めるのは（Ｉコリント14・34以下参照）、女性の人格が蔑視されていた社会において、福音の光によって主にあって解放された女性たちが教会において大活躍していたという背景があります。神の国においては、あくまでも創造の秩序を踏まえながら（Ｉテモテ2・11以下）、御霊の賜物において男も女もないのです（ガラテヤ3・28）。

女性のベギンに対応する男性の運動も存在し、ベガルドと呼ばれました。貧しい職人が多かったベガルドは、ベギンに較べると数の上ではほとんど問題にならないほど少なかったようです。世俗社会において仕事を持って自活しながら（同業者組合に関わりながら）、礼拝と祈りを中心にした共同生活をする貧しい単身男性の社会的立場は、同じ立場の女性たちに較べてより困難であったのではないでしょうか。ベガルドに対する社会的迫害は、ベギンに対するよりも激しいものでした。

現在も、教会の活動をおもに支えているのは熱心な女性たちであると言ってよいでしょう。

そこにはひた向きに自分を主に献げる女性たちの心と、またそれを可能にする社会や生活における女性の立場があると思われます。

ベギン館やベギンホフは、現在は観光地になっています。時代をとりなす彼女たちの使命は終えたのです。しかし、ベギンは、都市周辺でキリストに倣って生ようとする女性たちの生活に――独身者であるか既婚者であるかを問わず――今も貴重な指針を与えてくれるように思います。

＊ベギンに関する邦語文献として、上條敏子『ベギン運動の展開とベギンホフの形成――単身女性の西欧中世』（刀水書房）がありますが、学術書で非常に高価です。本稿ではネット上に掲載されている上條氏の博士論文審査要旨に多くを依拠しつつ、英語文献も用いました。

第12章　共同生活兄弟会――「ディヴォツィオ・モデルナ」（新しき信心）

キリスト教の歴史において、長く読み継がれている古典的な書物の一冊に『キリストに倣いて』があります。「イミタチオ・クリスチ」というラテン語の書名でも知られますが、十五世紀に出版されて以来、全世界で聖書に次いで愛読されている書物と言われています。その影響はマルティン・ルターやジョン・ウェスレーにも及び、カトリックやプロテスタントの枠を越えて親しまれています。日本でも一五九六年のキリシタン版『コンテムツスムンヂ』に始まり、何種類かの邦訳があります。

著者はトマス・ア・ケンピスであることが定説ですが、ヘールト・デ・フローテによるオランダ語原典を、トマス・ア・ケンピスが当時の国際語であるラテン語に訳し、一般向けに編集をしたものとする説もあります。ヘールト・デ・フローテは、「共同生活兄弟会」の創設者であり、トマス・ア・ケンピスはそこで生活し、その霊性に養われた人ですから、著者が誰であったとしても、『キリストに倣いて』という霊的書物は、本来は「ディヴォツィオ・モデルナ」（新しき信心）と呼ばれた生活共同体の手引書として著されたものでした。

少し中世に留まり過ぎた感がある私たちの学びですが、『キリストに倣いて』を生み出した生活共同体を取り上げないわけにはいきません。

I　「ディヴォツィオ・モデルナ」（新しき信心）の始まり

「ディヴォツィオ・モデルナ」の創始者ヘールト・デ・フローテ（一三四〇～八四年）は、デーフェンテルというオランダの町の裕福な商人の家に生まれました。パリで学びドイツのケルン大学で教鞭をとりましたが、回心以前は占星術や魔術にのめり込み、奢侈と放縦の生活に明け暮れていました。しかし、重い病の体験をきっかけに三十四歳で悔い改め、世的な野心をすべて投げ捨てて、神と人とに仕える実践的な敬虔に身を捧げる決断をします。

回心の年、フローテはデーフェンテルに相続した自宅に信仰深い女性たちを集め、神を愛し隣人に仕えるための礼拝と労働を中心にした共同生活を送らせました。協力者のひとりに、プラハで学び、人々をまとめる豊かな賜物を与えられたフロレンティウス・ラーデヴァインス（一三五〇～一四〇〇年頃）がいました。フローテ自身は修道院に入り、閉ざされた環境の中で霊的訓練の時を過ごしますが、宣教活動と教会改革への思いに促されて、ほぼ五年後に修道院を出ます。

世に放たれたフローテは、巡回伝道者として熱心に福音を語り告げ、フランドルやオランダの民衆に深い感銘を与えます。また歯に衣着せぬ仕方で、教会や聖職者の堕落と腐敗、また民衆の迷信を激しく非難し、それを小冊子にしたために、一三八三年には説教者としての資格を剝奪されました。

托鉢修道僧たちは、自分たちの生き方がいかにフランシスコのビジョンから離れているかをあらわにされるのでフローテを憎みました。地位や立場のある聖職者たちは、本来自分たちに属する務めをフローテが力強く行うのを見て、彼を嫌いました。フローテはペストのために四十四歳の若さで天に召されます。彼は多くの敵もつくりましたが、その宣教と生き様《よう》に魅せられて「新しい信心」に生きる熱心な人々も少なくありませんでした。「ディヴォツィオ・モデルナ」運動の始まりです。

Ⅱ 「共同生活兄弟会」とその生活

フローテが目指したのは、修道院のような終身の誓約に縛られることのない自発的な意志に基づく聖徒の交わりです。それは信徒と聖職者が共に暮らしながら、愛と従順に歩む生活共同体でした。フローテの死後、彼と志を共にする人々がデーフェンテルの家で後継者のラーデヴァインスを中心に生活を始めます。彼らの運動は「共同生活兄弟会」（英訳「ザ・ブレザレン・オブ・ザ・コモン・ライフ」）と呼ばれます。この運動はオランダのヴィンデスハイムの家でアウグスティノ会となって教皇に公認され（一三九五年）、ヴィンデスハイム教団としてオランダ、ベルギー、北ドイツに広がりました。

「ディヴォツィオ・モデルナ」の運動は、自分たちで新しい修道院や会派を創ることをせず、どこまでも教会の伝統を大切にし、正統教理にとどまりました。彼らは、教区教会に近いごく普通の民家で共同生活をして、主日にはその教会で礼拝を守ることを大切にしました。しかし、その時代の教会に妥協的ではありませんでした。使徒的な生活に立ち帰ることを目指した彼らは、文字どおり一切のものを共有にしながら、都市生活において清貧、純潔、従順を堅く保ちました。メンバー全員は、農作業、手工業、裁縫等の手仕事に携わり、その収入は共同管理されました。そこには、富を蓄積したベネディクト修道会や、絶えず寄金を求める托鉢修道会への強い批判がありました。

聖書の学びに精力を注いだことも大きな特徴です。個人的に聖書を読むだけでなく、小さなグループで聖書を学ぶために集い、教えられたことを分かち合いました。それによって彼らは、平信徒の説教を禁じた教会の教えを守りながら、小さな交わりにおいて、実質的には誰もがメッセージをとりつぐことができたのです。

「共同生活兄弟会」では、教会における告解の秘跡に加えて、毎日の生活の交わりにおいて、罪や過ちを正直に告白し合い、互いに正し合うことが、とても大切にされました。信仰の約束が日々の振る舞いに一致していることが、彼らにとっては重要なことでした。そのために、「ディヴォツィオ・モデルナ」は、邪悪や欲望に満ちた都市生活において非常に高い霊的な倫理水準を保っていました。

各地の生活共同体は自給自足で、ひとりの長老によって治められ、それぞれに図書係、医師、看護師、仕立て職人、帳簿係がいました。近くの長老たちはよく会って話し、年に一度はどんなに遠距離であっても一同に会して祈り合いました。「共同生活兄弟会」への加入を願う者は、「支払うべき代価」について考える時が与えられ、それでもなお願いが変わらない場合には、法律家の前ですべての個人的な財産を放棄する約束をすることが必要でした。そうしてメンバーになると、謙遜と兄弟愛に自分を捧げる生活が始まるのです。

Ⅲ　教育と出版の働き

「共同生活兄弟会」の働きの中で特筆すべきことは、彼らは霊的訓練とこの世的な生き方の放棄を実践しただけでなく、教育と出版に大きな力を注いだということです。彼らは共同体を支えるために多くの本を出版しましたが、そのすべての工程（執筆、原稿の筆写、製本、販売）に携わりました。やがて印刷術が発明され普及すると、印刷も自らの手で行うようになり、彼らの拠点であるヴィンデスハイムは敬虔な書籍を世に出す地として知られるようになります。なかでも共同体が建てられた各地方の言葉に訳された聖書や、以前はラテン語でしか読むことができなかった信仰書のオランダ語訳の出版は意義深いものです。

さらに彼らは地方の学校で教え、自らも学校を設立しました。彼らの教育を受けた人で、キリスト教世界に大きな足跡を記した人々は少なくありません。そのひとりにロッテルダムのデシデリウス・エラスムス（一四六七～一五三六年）がいます。彼は「ルターがかえした卵は、エラスムスが産んだ」と言われるほどに宗教改革に大きな影響を与えた人物ですが、特に史上初のギリシア語新約聖書の刊行という画期的な業績で知られます。バーゼルにおけるその出版は、一五一六年、すなわち宗教改革の前年のことでした。

トマス・ア・ケンピス（一三八〇～一四七一年）は、「共同生活兄弟会」が建てたデーフェンテルの学校で、十二歳の時からラーデヴァインスの霊的指導を受けました。ケンピスは、ルネサンス・ヒューマニストとして修道会から出たエラスムスと違い、立場が変わっても生涯フローテが始めた「デヴィッィオ・モデルナ」の運動に精力を傾けました。『キリストに倣いて』

はその結晶です。

三位一体について深く論じても、もし謙遜を欠き、従って三位一体の神のみ心にかなわなければ、何の益があろう。実際、高遠な言葉によって人が正しく聖くなるのではない。徳の高い生活によって神に愛される者となるのである。私は悔恨の定義ができるよりも、むしろこれを感じたいと思う。たとえ聖書をことごとくそらんじ、哲学者の教えをことごとく知ったとしても、神の恵みと愛とがなかったら、何の益があろう。神を愛し、ただこれにのみ仕えるほかは、「空の空、いっさいは空」（伝道一・二）である。この世を軽んじて天国に近づくこと——これが最高の知恵である。（池谷敏夫訳）

キリスト教生活共同体をめぐる私たちの歴史の旅は、フランシスコ第三会、ヴァルド派、ベギン運動、共同生活兄弟会と、しばらく中世末期にかけての平信徒運動を見てきました。そこには私なりに二つの思いと意図がありました。

一つは、近代の視点からしばしば「暗黒時代」と呼ばれる中世に、今日に至る霊の地下水の流れを見たいと思いました。中世社会は、カトリック教会が文化を統合するキリスト教社会有機体（コルプス・クリスティアヌム）でした。中世における個人は、神と人間との間に立つ教会の権威の外側においては考えられません。まさに「（カトリック）教会の外に救いはない」のです。そうして世の支配と富を手にし、また世の権力者と結びついた中世カトリック教会が、聖く高い信仰の志を持って始められたベネディクト会やフランシスコ会のような修道院を含めて、著しく堕落したのは紛れもない事実です。宗教改革によるプロテスタント教会の誕生は神の歴史の必然でした。しかし、そのような中世社会においても、いやそのような教会や社会であるからこそ、平信徒を中心にした神の残りの民は、高々と福音の光を掲げて自己犠牲の愛に生きたのでした。このことは私たちが生きているこの時代をも照らす光として、もっともっと知られていいことです。

もう一つは、プロテスタント教会を生み出した宗教改革は、歴史の中でひとりの人間によって突然生じたものではないということです。中世末期に生まれた様々な平信徒運動もそうですが、「デヴォツィオ・モデルナ」の教えは、北ヨーロッパの多くの人々の心と思いを、宗教改革者たちの教えを受け入れるように整えました。免罪符に対する反対論を書き、教皇の虚飾を攻撃し、当時の教会の過ちを非難した、オランダの神学者ヴェッセル・ハンスホルト（一四一九～八九年）もデーフェンテルの「共同生活兄弟会」で教育を受けた人でした。宗教改革者マルチン・ルター（一四八三～一五四六年）は、「デヴォツィオ・モデルナ」の運動を高く評価していました。

長い歳月をかけて「デヴォツィオ・モデルナ」を研究したオランダの学者ファン・エンゲンは、その結論に次のように書いています。

「共同生活兄弟会」に属する家々は、最初の使徒たちの生き方に倣い、信心深い生活様式で日々を過ごした。彼らは仲間に自分が暮らす都市や教会を離れることを求めなかった。また誓約をしたり、修道会に加入するような義務的な制約をも課さなかった。宗教改革が起こったとき、「共同生活兄弟会」のほとんどの兄弟姉妹はそれに加わらなかった。彼らはその改革を必要としなかったということが、少なくともその理由の一部である。

（アイバン・J・カウフマン『我に従え』未邦訳）

一五一七年十月三十一日、ひとりのドイツ人の教授が良心の痛みを持って、設立間もないヴィッテンベルク大学の城教会の扉に、「九十五箇条の提題」をはりつけ、免罪符に対する反論を公にします。歴史の大改革が始まろうとしていました。私たちの学びの旅も、次章から宗教改革の時代に入って行きます。

第13章　フッター派（ハッタライト）
——五百年の歴史を生きる財産共同体

二〇一七年は宗教改革五百周年でした。一五一七年十月三十一日、マルティン・ルターは、ヴィッテンベルクの城教会の扉に「九十五箇条の提題」を貼りつけ、贖宥状（免罪符）販売等で堕落したカトリック教会への異議申し立て（プロテスト）を公にしました。プロテスタント教会を生み出した宗教改革の始まりとされます。今日、宗教改革は、ルターや後のジャン・カルヴァンら偉大な改革者の名とともに、歴史に記憶されています。

宗教改革がヨーロッパ各地に広まると、種々の国家、領邦、都市がカトリック教会から離脱し、宗教改革を導入するようになります。それによって、ルターやカルヴァンの改革運動から生まれたプロテスタント教会（ルター派、改革派）もまた、カトリック教会と同様に世俗権力と結びついた国教会を形成することになりました。そのようなプロテスタント主流派からは生活共同体は生まれませんでした。

カトリック教会による社会有機体という一枚岩のダムを決壊させた宗教改革は、ヨーロッパの各地に多様な宗教的少数者の改革運動を生み出しました。その中に、敵対者によって再洗礼派（アナバプテスト）と蔑称された人々がいます。彼らは、宗教改革の理念を徹底させ、幼児洗礼を認めず、悔い改めてキリストに従って生きる決意をした成人が、自らの自由意志に基づいて受ける信仰洗礼のみを認めました。しかし、そのことは新生児が洗礼を受けることを自明とする社会や教会の基盤を根底から揺るがすことになり、それゆえにカトリック教会からも、プロテスタント教会からも激しい迫害を受けることになります。

最初期教会に端を発するキリスト教生活共同体の霊的地下水は、同時代人からは「熱狂主義者」「反乱者」「異端」とされ、歴史家が「宗教改革急進派（左派）」と呼ぶ再洗礼派に流れます。再洗礼派のセクトは、個々人の自発的な契約において形成されますが、その信仰は国教会に対する今日の自由教会の流れにつながり、信教の自由や結社の自由、政教分離等の原則に基づく西欧近代社会の成立に大きく寄与しました。

再洗礼派は、ヨーロッパ全域で多様な形態をとった運動でしたが、その中でアーミッシュ、メノー派（メノナイト）、フッター派（ハッタライト）は、激しい迫害に耐え、近代を生き抜き現在も存続しています。この章では、五百年の歴史を生きる財産共同体フッター派を紹介します。

I　旅する教会――迫害と移住の歴史

再洗礼派の歴史は、迫害や殉教と不可分です。熾烈な迫害は二十五年も続き、処刑された再洗礼派の総数は、十五世紀における最初の十年間だけで、二千～三千人と推定されます。再洗礼派の群れは、安住できる国家を持たず、信教の自由を求めて移住を繰り返す旅する教会でした。フッター派も迫害の中で漂泊の道を歩みました。

フッター派という呼称は、その指導者のヤーコブ・フッター（一五〇〇頃～三六年）に由来します。フッターは、ティロールの小村に生まれた淳朴で、無学な帽子職人でしたが、再洗礼派の信仰の中で自らを神により選ばれ遣わされたと確信するようになります。彼を通して語られる神のことばは、聴く信徒たちに強烈に迫るものがありました。

ティロールでの迫害が激しくなると、フッターは、再洗礼派を含め複数宗派の共存が実現していたモラヴィアに移住するように信徒たちに奨励し、彼らを組織します。一五三三年にモラヴィアに移住したフッターを驚かせたのは、その地の再洗礼派が内部対立している事実でした。フッターはそこで主導権を掌握し、財産共有を徹底させます。モラヴィアにオーストリア国王による再洗礼派追放令が出されると、フッター派は森や谷間に身を隠して存続します。フッター自身は、ティロールに逃れた際に逮捕され、ウィーンで火刑に処せられました。

フッター亡き後の共同体は、数度の峻烈な迫害の嵐を耐えて、後継者の主導のもとに財産共有の制度を具体的に形成します。その規模は急速に拡大し、十六世紀後半には黄金時代を迎え、一五四七年までに三十一、一六二二年までには八十ほどの集落・兄弟団（ブルーダーホフ）が存在するに至りました。しかし、十七世紀にモラヴィアから追われ、各地に移住を繰り返した後に、一七七〇年にロシアのヴィシェンカ、さらにウクライナに移り住みます。一八七〇年にロシアで若者への徴兵の危機が訪れると、絶対平和主義のフッター派は、アメリカのサウスダコタ州に移住します。やがて一九一〇年代、アメリカで第一次世界大戦による徴兵制が拡大されると、社会的敵視と迫害の中で多くの信徒がカナダに移住しました。現在、アメリカとカナダに約二百六十のフッター派の共同体があり、信徒の総数は四万人と言われています。

Ⅱ　財産を共有する共同体

フッター派は一切の財産を共有する共同体です。再洗礼派がすべて財産共同体であるわけではなく、彼らの間には様々な立場と、それによる争いがあり、そこには領主の政治経済的な利害も絡んでいました。

一五二八年、領主から退去命令が出された再洗礼派の大人だけでも二百人ほどの一団が、ヤーコプ・ヴィーデマンに導かれてモラヴィアのニコラスブルグを離れる際のことでした。執事に選ばれた二人が皆の前でマントを広げると、一人ひとりが強制されてではなく自発的に、それぞれが所有する全財産をその上に置きました。預言者や使徒たちの教えに従い、困窮する仲間を助けるためでした。そうして彼らは新天地アウステルリッチに旅立ちました。それが財産共同体としてのフッター派の創立年とされます。財産共有は「使徒の働き」に記されている最初期キリスト教徒のあり方に倣うものでしたが、理念から始められたことではなく、現実の必要を前にしての愛に促された実践的決断でした。

しかし、すべてのものを平等に分け合う使徒時代の理想は貫かれませんでした。一五三〇年にスイスの再洗礼派から共同体に加わったヴィルヘルム・ロイプリンは、指導者たちが上等な衣服を着て、贅沢な食事をしている中で、一般の信徒たちが食料不足で子どもを亡くす現実を目の当たりにして、ヴィーデマンや指導者たちを強く批判しました。共同体は分裂し、ロイプリンと同調者はアウスピッツに向かいます。しかし、そこでも指導者間の不一致は続きました。ロイプリン自身がお金を隠し持っていたことや、指導者の妻の不貞が共同体を混乱させました。

フッターがティロールから移住したアウスピッツのフッター派（つまり後にハッタライトとして確立する再洗礼派共同体）は、そういう困難な状況にありました。自分の率いるグループこそがモラヴィアにおける唯一の神の共同体だと確信したフッターは、リーダーの座をめぐって他の指導者と激しく争いながら、全力を注いで共同体内の悪弊を正しました。そこで信徒たちに所有する財産の一切を供出するように厳格に指導したのです。他の指導者たちは、財産共有は、共同体内の一体感が高まったところで信徒たちが自発的に行うものであり、それを義務として強制するフッターのやり方を激しく非難しました。問題の根本は、どちらが聖書的かということよりも、生活の現実の中での自分を犠牲にする愛と、主と互いへの従順の要請にあるように思われます。今日にまで続く独特な服装や質素な食事も、堅苦しい律法や形式ではなく、生活の必要から生まれた愛と従順の要請に基づく彼らの文化です。

フッター派は、財産共同体であると同時に教会共同体でもあります。そこでは宗教的職制と世俗的職制の区分は最小限です。各ブルーダーホフは、説教師と執事に導かれました。前者は神のことばを説くとともに、信徒間の争いを裁き、時に破門権を行使しました。後者は物資の調達や作業の監督など経済全般を統制しました。双方の務めの上にひとりの長老が置かれました。現在も変わることなく継続している役割です。

初期のハッタライト運動に参与した人々の社会的背景はきわめて広範でした。貧困な者、カトリック司祭、修道僧、貴族、自由人、農民、職人など多種多様な人々が含まれていました。それによって、彼らの経済活動も、農業、牧畜、製本、ぶどう醸造、大工、馬車・馬具製造、刃物・皮革・陶器などの製造、製粉等々の広範囲なものでした。その技術は高く、モラヴィアの領主たちに評価されました。今日のフッター派は、主に農業を営んでいます。農業生産者としての技術力は非常に高く、自給自足以上に農産物を生産し、外部社会に販売しています。

モラヴィア時代には、小さな子どものためと大きな子どものための、二種類の学校が設置されました。前者は乳離れした幼児がすぐに入れられ、教会任命の保母が世話をしました。六歳になると後者に移り、教師によって宗教教育とともに実際的な日常の仕事の習得につとめます。この教育制度も、若干の変化はあっても今日まで継続しています。

Ⅲ　無抵抗主義

フッター派が社会的に敵視され、移住を繰り返さざるを得なかった大きな理由に、彼らが非暴力、無抵抗の絶対平和主義の立場に立ったことがあります。再洗礼派は、宗教改革理念を後ろ盾にして、トマス・ミュンツァーに導かれて武装蜂起した農民勢力の一翼として登場しますから、すべてが非暴力、無抵抗の立場に立つわけではありません。

実際、再洗礼派内には、自らを守るために剣を持つことを肯定する立場と、真のキリスト教徒はもはや武器を必要としないと信じる者たちの間に対立がありました。後にフッター派として確立する一団が、ニコラスブルグ領主から追放命令を受けた理由は、彼らが平和主義の立場に立っていたことにありました。

教会の歴史の最初の三百年間――地上を歩まれた神の子のお姿が人々の瞼と記憶に残っていた期間――クリスチャンは、基本的にたとえ自分が殺されても、非暴力、無抵抗の平和主義に生き、徴兵に応じませんでした。しかし、三一二年、ローマ皇帝コンスタンティヌスがキリスト教を容認すると、十字架の旗は世俗国家と結びついたキリスト教軍のシンボルとなり、軍人にはキリスト教徒であることが求められるようになりました。今に続くコンスタンティヌス後の時代の始まりです。

星条旗を振りながら、トランプ大統領を支持するアメリカの福音派クリスチャン（そして、馬や戦車や国際条約に頼って自らを守ろうとする私たち）を思うとき、これはきわめて現実的な問題です。再洗礼派の歴史で、五百年の歴史を生き抜いて存続しているのは、どれもが社会から敵視され、激しい迫害を受けた、非暴力、無抵抗のグループです。

同時代の年代記者が、再洗礼派の人々について次のように記しています。

かれらの足どり、生活態度はきわめて敬虔かつ神聖であり、一点の非の打ちどころもない。高価な衣服を避け、豪奢な飲食を排し、粗末な衣服を身にまとい、つばの広いフェルトの帽子をかぶっていた。かれらは剣、いな短剣ですら狼が身につけるもので羊には無用であると、このような武具も手にしようとしない。誰かこの戒めを犯す者があれば、ただちどころに追放されてしまう。

フッター派のような福音的再洗礼派は、「山上の説教」を重視し、主の弟子として文字どおり実践することを要求し、福音伝道にもきわめて熱心でした。現在のフッター派は、自分たちの信仰の形式と固有の文化に固執し、世から隔絶された生活を送っています。きわめて優れた農民、善良な国民ですが、選挙にも参加しない国家の静寂主義者として存在しています（栃木県大田原市大輪に日本のフッター派共同体があります)。

フッター派の福音を生きることへの熱意、互いに愛し合う生活共同体を形成することへの献身を思うとき、次の言葉を私は思います。

生活においてキリストに従うことなしには、だれも真の意味でキリストを知ることはできない。（ある再洗礼派クリスチャンの言葉）

第14章　アーミッシュ――世と異なる生き方

アーミッシュは、今日、アメリカおよびカナダに居住する生活共同体です。その起源は十六世紀再洗礼派の一翼を形成した「スイス兄弟団」から十七世紀末に分裂して生まれた群れにあります。前章のフッター派同様に、彼らもまた宗教改革の時代から激しい迫害に耐え、近代を生き抜き現在も存続する生活共同体です。分裂の主たる原因は、この世的なものを避け分離することを、どの範囲でどこまで厳格に適用するかという「忌避」の問題にありました。保守派のヤコブ・アマンは、教義上の純潔性と精神的規律を高めるために、自分の会衆に対して世からの分離の戒律をより厳格に執行し、論敵と戦いました。彼の信奉者たちは、アマン派（アーミッシュ）と呼ばれるようになりました。

アーミッシュは、一七〇〇年代に信教の自由を求めて、オランダを経て新大陸ペンシルベニアに移住します。現在、アーミッシュ共同体は、オハイオ州やインディアナ州にも増え広がり、米国における居住地は約三百七十、教会区は約一千六百、総人口は二十万人を超え、その約半数は十八歳以下と言われます。

迫害の時代を生きた祖先の信仰に学びつつ、外の世界に対して厳格な一線を引く彼らは、礼拝や教育や生活に古いドイツ語の一方言を使い、自己の集団成員を「われわれと同じ人々」と呼び、非アーミッシュを「違う人々」（または英語を話す人々という意味で「エングリッシャー」）と呼びます。

アーミッシュは大きく二つに分けることができます。自らのアイデンティティを維持するための「オルドヌンク」と呼ばれる口承による生活基準（戒律）をきわめて厳格に維持しているアーミッシュを「オールド・オーダー・アーミッシュ」（古くからの規則を守る人たち）と呼び、外の社会との接点などで戒律の内容を変え、同じ歴史的背景を持つより自由な伝統的メノナイトに近づいていく人々を「ニュー・オーダー・アーミッシュ」（新しい規則を守る人たち）と呼びます。本稿では、前者の代表として、最も古い歴史を持つペンシルベニア州ランカスターのアーミッシュを取り上げます。

アーミッシュと言えば、その独特な衣服や、自動車の禁止（馬車での移動）、大型農業機械の禁止（馬による耕作）、家庭内における電化製品、都市ガス、水道の禁止等について語られ、現代のハイテクに背を向ける彼らの生活が、牧歌的に描かれたりもします。本稿では、信仰に基づく彼らの生活実践の本質と、それが現代社会において持つ意義を、生活共同体の持続と代謝という観点から考えてみたいと思います。

I　アーミッシュの信仰生活

アーミッシュの居住地は、川やクリーク、道路などの地理的条件で区分された「教区」に分けられます。教区はひとつの教会を形成する単位であり、それぞれに完結した自治体でもあります。その範囲は馬車によって礼拝出席が可能な距離であり、その規模は一般的に、個人の家屋または納屋で開催される礼拝に収容可能な人数（約三十家族、百七十人前後の人々）から成り、人口が増加した場合は新しい教区がつくられます。

教区は「奉仕者」と呼ばれる四人の男性指導者によって統轄されます。一人の監督（牧師）は「すべての権威と権能を持つ教区最高の奉仕者」であり、宗教的垂範者かつ最も重要な社会的指導者でもあります。洗礼、聖餐式、結婚式、葬式、聖職任職式、会員集会を司るのは監督の役割です。二人の説教者は「聖書の奉仕者」として説教を担当し、監督を補佐します。一人の執事は「貧者に対する奉仕者」であり、生活困窮者に対する援助やその他の実際的な役割を果たします。彼らは男女の教会員の推薦に基づき、くじ引きで選出されます。指導者はすべて、自らの職業で生計を立てている信徒で、特別な神学教育は受けておらず、食料の贈り物以外は基本的に無報酬です。奉仕者としての教役者は教区の全成員から全面的に支持され、全幅の信頼を寄せられます。

通常の主日礼拝は説教礼拝と呼ばれ、隔週で行われます。オールド・オーダー・アーミッシュは教会堂を持たないので、礼拝は個人の家や納屋で順番制で行われます。教区の礼拝がない週は、他教区の礼拝に出席したり、親類の家を訪ねて礼拝をして交わります。古くからの生産手段による彼らの生活は早朝から夕べまで非常に忙しいので、主日は大切な安息と交わりの日になります。主日礼拝の後には、時折、全員集会が持たれます。「オルドヌンク」(戒律)に違反した会員は公の場でそれを告白し、回復のために赦しを受けます。罪の告白を拒む者は、一時的に保護観察になり、頑固さに留まる場合は、自分の過ちに気づかせるために、会員(家族も含む！)との交わりを制限される戒規(シャニング)が適用され、最終的には破門にされることもあります。

Ⅱ　アーミッシュの共同生活――相互扶助と教育

アーミッシュは財産を共有する共同体ではなく、私有財産を認めますが、災難や特別な事態に直面したとき、クリスチャンの義務として相互扶助を重視します。教区全員が助ける彼らの納屋建設はよく知られていますが、結婚式や誕生の喜びの機会の協力はもちろん、救急医療、干ばつ、病気、死、破産など、ありとあらゆる難局をケアする習慣が構成員を取り囲んでいます。絶望の瞬間に、コミュニティーは敢然として行動を起こします。それらの相互扶助によって、政府の援助や商業的保険に頼ることなく、自給自足の共同体を維持しています。

アーミッシュ社会は、個人から社会組織にいたるまで小規模精神を特徴とします。その基礎は個人の家で行われる主日礼拝にあります。会衆のサイズはおのずと限定されるので、人々に相互扶助への参加が促され、社会的サポートのネットワークの中で、各人に適切な居場所が保証されます。

教育は八年制のアーミッシュ学校でなされ、高校や大学への進学は禁止されています。一九七二年の合衆国最高裁判決によって、アーミッシュの若者は十四歳で正式の学校を終えることができるようになりました（実際は職業訓練がそれに続きます）。今日、ランカスターにおいては、一校あたり三十〜三十五人の「学者」（アーミッシュの子どもたちへの呼称）が学ぶ一教室制の学校が約二百校あります。教科はいわゆる読み書きソロバンと歴史であり、教師は十分から十五分ごとに、ひとつの学年から別の学年（それぞれ三〜四人）に移って指導します。上級生は先生と共に下級生を助けます。宗教は正式科目にはありません。信仰教育は、親が家でなすべき重要な務めとされています。

学校は三〜四人の父親から成る地域運営委員会によって運営されます。教師はアーミッシュ学校で学んだ最も聡明な独身女性から運営委員会が任命します。教区を越えた組織を持たないアーミッシュですが、新任教員の研修だけは州レベルで行われます。アーミッシュ学校の生徒の学力は公立学校の同世代の子どもたちと同等かそれ以上だと言われます。

アーミッシュの子どもたちは十六歳から十八歳まで、一度親元を離れ俗世で暮らす「遊びまわる」期間（ラムシュプリンガ）に入ります。そこで彼らはアーミッシュの戒律から完全に解放され、世間並みの生活を楽しみます。その後、アーミッシュのコミュニティーに戻るか、アーミッシュと絶縁して俗世で暮らすかを選びますが、九五％以上の若者はアーミッシュとして生きることを選択して洗礼を受けると言われます。洗礼後の生活には戒規（シャニング）が適用されます。アーミッシュは外部に伝道しませんから、アーミッシュの後継者は、共同体で生まれ、共同体で育った者たちです。アーミッシュは子だくさんで知られます。

Ⅲ　アーミッシュの経済生活

アーミッシュには、田舎に住まい農業従事者という印象があります。確かに伝統的にはそうですが、現在、ランカスターのアーミッシュのほぼ三分の二の家庭は、農業以外のさまざまな職業からの収入に依存していると言われています。

コミュニティーの歴史的転換点を画する「小さな産業革命」は一九八〇年代に起きました。多くの小規模家内工業が勃興し、農場や家の近くに近隣のアーミッシュを雇用する家族経営の小売店ができました。農場の端や商業地区には様々な製造工場が建てられました。またランカスターや周辺地域の建設用地に出向く建築業者や、各地で農産物やキルトなどのアーミッシュ商品を売る移動型の労働者も現れました。しかし、そこでも彼らは小規模経営にこだわります。家族が一緒にいること、仕事に融通をつけてコミュニティーの活動をこなせること、手仕事に尊厳を持つこと等、アーミッシュの価値を大事にして、世俗における過大な力や名声等の悪魔のわなに陥らないようにするためです。

歴史的にヨーロッパ宗教改革にルーツを持つアーミッシュを取り上げながら、ペンシルベニア州ランカスターで生活する現代のアーミッシュについて語ってきました。「誤解を恐れずに言えば、アーミッシュは二〇世紀に誕生した」（杉原利治）という言葉は的を射ています。アーミッシュは、二十世紀の都市文化への抵抗者です。都市は消費社会であり、モノと情報の豊かさを前提に成り立っています。日本においても、消費社会が発達、成熟（爛熟）し、アメリカ型のライフスタイルが浸透しています。アーミッシュは近代の都市化に抵抗してきました。

アーミッシュは、融通の利かない狂信的な変わり者と見られるか、逆にハイテクの現代において牧歌的な生活を営む人々としてロマンチックに見られがちです。どちらも本質をとらえていません。彼らはめまぐるしいテンポで進行する現代の都市化をコントロールして、自分たちのコミュニティーを守るために文化的抵抗と文化的妥協を繰り返しています（「オルドヌンク」は教区によって変えられます）。彼らの価値観と両立する技術は、試行期間を経て、時に場所を限定して選択的に取り入れています。たとえば、トラクターは納屋周辺での使用に限定して認められます（畑での使用による生産性の向上は、小規模精神を崩壊させ、貧富の差と品質の低下を生み出します）。また電線で取り入れる商業電力や電化製品を使いませんが、家庭用品でも、納屋でのディーゼル発電でも、彼らの伝統を守りつつ技術革新を繰り返していきます。テレビ、インターネット、屋内電話、商業新聞は禁止ですが、それによって彼らはよく手紙を書き、訪問を繰り返します。自動車の所有を拒否しながら、他人の所有ならば乗るので偽善者と揶揄されますが、本質はアーミッシュ的価値を守るという目的にあります。

アーミッシュ的価値とは、協調、協働、謙遜、簡素であり、それを支えるのは、彼らの社会組織の小ささと卓越した自律機能です。自由な個人主義を絶対とする外の世界に対して、アーミッシュは、個よりも全体に優位を置きます。指導者に強い宗教的権威を認めながら、全体主義や官僚主義に陥ることがないのは、個人にスポットライトが当たるのを極端に嫌う彼らの信仰的価値観（アーミッシュは写真も嫌います）と、それと結びついた非膨張主義とも言える、専門家を置かない彼らの組織原理にあります。都市化のマネーゲームに抗う彼らの「世と異なる生き方」は、何よりも家とコミュニティーという小さな組織において、謙虚、簡素に生きることに具現化されています。

二〇〇六年十月二日、ペンシルベニア州のアーミッシュ学校に、同じ地域に住む三十二歳の男が侵入し、銃を乱射して、十三歳から七歳までの女児五人を殺害、五人の子どもに重傷を負わせ自殺するという事件がありました。事件当日の夜から何人かのアーミッシュが男の家族を訪ねて男を赦すと伝え、男の葬儀には大勢のアーミッシュが参列しました。被害者の家族は、娘の葬儀に男の家族を招き、数週間後には双方の家族が一堂に会して悲しみを分かち合いました。アーミッシュは、そのような危機の時にも「世と異なる生き方」を示して、全世界に衝撃と感動を与えました。

第15章　モラヴィア兄弟団（ヘルンフート同胞教団）
――見張りの丘の光

マルティン・ルターの宗教改革から遡ること約百年（一四一五年）、チェコでローマ・カトリック教会の改革を訴えたヤン・フス（プラハ大学総長）は、異端者として火あぶりの刑に処されました。フスの処刑は彼を敬愛する故国チェコの人々に大きな衝撃を与え、フス派とカトリック教会との闘争が長く続きますが、改革派はやがて制圧され、強いられた和解が成立し、ボヘミア国民教会が設立されます。しかし、それに同意しない少数の信者たちは野に隠れ森に逃げ込んで、自分たちの信仰を守って生き続けました。

一四五三年三月、メーレン（モラヴィア）のヤン・フスの霊的子孫たちは、ベーメン（ボヘミア）の村に集まり、初期教会時代の交わりと宗教体験に倣うために共同生活を始めます。彼らは自分たちを「キリストの掟をまもる同胞」と呼び、これが「同胞教団」（兄弟団）の始まりとされます。ルターの宗教改革に先立つこと六十余年、世界で最初のプロテスタント（抗議派）教会の誕生でした。

同胞たちの生き方に共感して加入する者が増え、教団はしだいに大きくなります。しかし、オーストリア帝国政府とカトリック教会による苛酷な弾圧と迫害、改宗の強制、また三十年戦争の影響を受けて、同胞たちは信仰を公にすることなく、いわば隠れプロテスタントとして生きるところに追い込まれます。この情況は十八世紀になっても続きました。

一七二二年、信仰の自由を求める兄弟団の小さな群れが、厳しい出国禁止令を冒し、先祖代々住み慣れた故郷モラヴィアの地を離れ、東部ドイツのツィンツェンドルフ伯爵領に身を寄せました。それがモラヴィア兄弟団（ヘルンフート同胞教団）の始まりです。

I　ヘルンフート建設

ドイツでは宗教改革者たちの熱いマグマのような活き活きとした信仰が、年を経て冷えた火成岩のような正統主義の信条に化していました。そこに新しい生命の息吹きをふきこんだのは、十七世紀後半に始まった敬虔主義の信仰復興運動です。敬虔主義運動は、個人の新生と信仰、霊的体験を強調しました。ルターの心を取り戻そうとして、祈り、聖書研究、霊的体験を分かち合うための「教会の中の小さな教会」（家庭集会）が始まります。それは生活を通しての宣教を推し進める運動でもありました。ニコラウス・ルートヴィッヒ・ツィンツェンドルフ伯爵は、ルター派敬虔主義運動の創始者であるフィリップ・ヤーコブ・シュペーナーを名づけ親に持ち、敬虔主義運動の牙城ハレ大学で学んだ、信仰復興運動の熱心な担い手でした。

モラヴィアからの宗教難民がツィンツェンドルフの領地に住めるように尽力したのは、迫害から逃れて故郷モラヴィアを離れ、ドイツに入っていた「かまどのように燃える」主のしもべ、クリスチアン・ダーフィトでした。機会を見つけては故郷に帰り、キリストの福音を伝えることを使命としていたダーフィトは、ツィンツェンドルフに面会して、故国のプロテスタント信者の苦境を伝え、伯爵の領内に入植することを懇願しました。その切なる願いが聞き入れられたのです。

一七二二年六月、二人の兄弟が、家族親類あわせて八人を連れて、ツィンツェンドルフの領地にたどり着きます。大工であったダーフィトと同郷人は骨身惜しまず働いて、その山麓に家を建て、十人で共同生活を始めました。そのモラヴィア派居留地を指して、ある牧師が「神はこれらの丘の上に、全地を照らす光を置かれるであろう」と預言しました。それを聞いたツィンツェンドルフの家令が「フートベルク」（見張りの丘）と呼ばれたその地を、「ヘルンフート」（主の見張り）と名づけることを提案します。この小さな群れがやがてドイツだけでなく、ヨーロッパ諸国、全世界に霊的影響を与えるヘルンフート同胞教団へと発展するのですが、当時はそれを知る者は誰一人いませんでした。

Ⅱ　一七二七年八月十三日の出来事

ヘルンフートはやがて、各地で迫害されていた敬虔派やアナバプテスト（再洗礼派）、他の様々な分離主義者の避難所になり、一七二七年にはおよそ三十の家屋に、大人と子どもを合わせて約三百人が住むようになりました。入植者は総じて手工業の技能に優れ、勤勉だったので、ヘルンフートは経済的に自立して繁栄の道を歩みつつありましたが、その陰で村の内外に様々な問題が生まれ深刻化し、容易ならぬ事態になりました。ヘルンフートに逃れて来た住民は、皆がモラヴィア派に属するわけではなく、多様な信仰的背景を持つ者たちであったために、それぞれが立場や権利を主張し合って衝突が絶えなかったのです。互いに非難し合い、各派に分裂する村を見て、かつてその丘を「全地を照らす光」と預言した牧師は「まるで悪魔がすべてをひっくり返そうとしているようだ」と嘆きました。ツィンツェンドルフは改革の努力をしますが、彼自身への非難を含めて混乱は深まるばかりでした。

一七二七年八月十三日、この日はヘルンフート同胞教団にとって――そしてその後の教会の歴史においても――記念すべき日です。その日を境に、それまで改革の試みにもかかわらず残っていた不和と軋轢は消え去り、愛によって全同胞の心が一つに融け合ったのです。

再生のきざしは、少し前から起きていました。ツィンツェンドルフは、急進派による激しい非難を自己反省のよすがとし、受け入れるべきは受け入れました。打ち砕かれ謙りながら、主の前に強くされた指導者の姿に、反対者は恥じ入りました。六日前に、一心に祈っていたひとりの少女が霊的覚醒をとげたのをきっかけに、他の少女たちも懸命に祈り始め、ヘルンフートに霊の風が吹き始めました。

十日の主日の昼、初めの愛において結ばれていながら、別の教区に分離して交わりが途絶えていたベルテスドルフ教会の牧師ヨーハン・アンドレアス・ローテが、ツィンツェンドルフの説教を聞きに来て、住民たちを驚かせます。説教のさなか、批評家的だったローテ牧師が神の前にひれ伏し、皆も我を忘れて一様にひざまずきました。説教後は、次々に賛美歌が歌われ、聖書朗読、祈り、そしてまた賛美と、何度も何度も繰り返されました。対立や不和を解きほぐす対話がいたるところ始まり、祈り歌いみことばを唱える声は一晩中絶えることがありませんでした。

翌朝、ローテ牧師は、ツィンツェンドルフに宛てて手紙を書き、十三日水曜日にベルテスドルフ教会で行われる聖餐式に出席するように伯爵に請い、村の住民みなもそこに招待します。人々は躊躇なく招待を受け入れました。聖餐式前夜、再び集まった住民は、ツィンツェンドルフの懇篤かつ熱烈な言葉に心をひとつにされました。

八月十三日、早朝に集合したヘルンフートの住民は、教会までの一時間の道のりを、二、三人の小さな群れで進みました。激しく争った者どうし、互いに自分の非を認め、互いに赦しを乞いました。教会に入ると、賛美歌を歌ううちに会衆はひざまずき、歌声にすすり泣きの声が混じりました。同胞すべてが共有する苦悩と願望が主に訴えられ、「真の信仰の道を教え示してください」と心から祈られました。ローテ牧師の熱烈な講話に続き、ツィンツェンドルフがヘルンフートを代表して、徹底的な罪の告白をします。その後で会衆は「折り曲げられ高められた心をもって」主の聖餐を受けたのでした。出席者のひとりが次のように語っています。

（彼らは）深い悔悟と感動に包まれ、救い主に対する新たな愛と信仰が、そしてお互いに対する熱烈な愛が、心に火のように燃え上がった。彼らは自発的に、涙を流しながら互いを抱擁した。やがて一同の間に聖なる一致が生まれた。それはまるで、廃墟の中からモラヴィア兄弟団のいにしえの一致が呼び起こされたようであった。（井上政己監訳『キリスト教2000年史』いのちのことば社）

みな自分が別の人間に生まれ変わって神の子になったような思いでした。教団文書によると、その日、「私たちは愛することを学んだ」のです。この「新しいヘルンフート」の始まりは、改革の終了、完成ではなく、ツィンツェンドルフを監督とする新しい財産共同体建設への始まりでした。こうしてモラヴィア兄弟団は「ヨーロッパ・プロテスタントの生きたパン種」になりました。

Ⅲ　ジョン・ウェスレーとメソジストへの影響

モラヴィア兄弟団が英国のジョン・ウェスレーに深い影響を与えたことはよく知られています。ウェスレーが初めてモラヴィア兄弟団の人々と出会ったのは、一七三五年、弟チャールズとともに福音布教協会の宣教師としてアメリカのジョージアへ行く航海の途上でのことでした。激しい嵐の中で平安を保ち、神を賛美するモラヴィア兄弟団の敬虔は、ウェスレー兄弟に深い感銘を与えました。アメリカ上陸後、モラヴィア兄弟団の指導者シュパンゲンベルクは、「あなたはイエス・キリストを知っておられますか」とウェスレーに尋ねます。

ウェスレーは、ただキリストのみに信頼する救いの確信を求めていました。一九三八年、彼はロンドンのアルダスゲート街の集会で、モラヴィア兄弟団の宣教師ペーター・ベーラーの信仰義認の説教を聴き、ルターの「ローマ人への手紙の序文」が朗読されたときに、心が「不思議に熱く燃える」体験をします。福音主義信仰復興の転機となったこの出来事は、「その小部屋で起こったことは、大ピット（大英帝国の基礎を築いた政治家）が陸と海で収めたすべての勝利よりも、イングランドにおいて重要であった」と言われます。ウェスレーは、ヘルンフートを訪ね、六百五十人を収容する孤児院、三千人が学ぶ学校、また出版事業に強い印象を受けます。彼はモラヴィア兄弟団の特徴（愛餐、徹夜祈禱会、組会等）の多くをメソジスト教会に取り入れます。ウェスレーはやがてロンドンのモラヴィア派と別れ、独自の道を歩むようになりますが、彼の信仰復興運動はモラヴィア兄弟団から深い霊的影響を受けています。

今、私の目の前に、二〇一八年版の『日々の聖句』（ローズンゲン）があります。このヘルンフート兄弟団の年間冊子は、二百八十八年も版を重ね、五十以上の言語に訳され、全世界の人々に生きるための心の糧を与えてきました（日本語版は一九五九年から出版）。「ローズンゲン」（キリストの兵士の「合言葉」の意味）の日々の聖句は、祈りのうちに旧約聖書からくじで選ばれ、新約聖書からもそれにふさわしいみことばが選ばれています。

ディートリッヒ・ボンヘッファーが、滞在先のアメリカから、ふたたび決意してドイツに帰国して、ナチ政権をくつがえすための抵抗運動に加わる道を選んだのには、ローズンゲンによる導きがありました。

ボンヘッファーは、敬虔主義的だった母やお手伝いの女性の影響で幼い日からローズンゲンに親しんでいました。彼の日記には、アメリカにとどまるべきか、それとも帰国すべきかという厳しいディレンマの中でのローズンゲンとの対話が記されています（宮田光雄『御言葉はわたしの道の光――ローズンゲン物語』新教出版社）。

一九三九年六月二十六日に、ボンヘッファーは、その日のローズンゲンの中に「冬になる前に急いできてほしい」（Ⅱテモテ4・21、口語訳）という言葉を見出し、日記に次のように書いています。

この言葉が一日中、私の頭にこびりついて離れなかった。それは、戦場から休暇で帰ってきた兵士が、自分を待っていたすべてのものをふり棄てて、また戦場に引き戻されるときのようなものだ。……「冬になる前に急いできてほしい」――これをもし私が自分に言われたことだととらえても、それは聖書の乱用ではない。

その二日前の日記にも、ローズンゲンの聖句「信ずる者は慌てて逃れることはない」（イザヤ28・16）をかかげて、「私は家郷での仕事のことを思う」と記しています。こうしてボンヘッファーは、決意を固め、晴れやかな思いで祖国に引き返します。それは彼にとって殉教への道でした。このようにして、ヘルンフート兄弟団の信仰は、今も世界に生きる八十万人のモラヴィア派の信徒だけでなく、霊的地下水のように現代の教会に継承されているのです。

第16章　ブルーダーホフ（兄弟団）——信仰の継承と共同体の存続

ブルーダーホフ（ドイツ語で「兄弟たちの場所・館」の意）は、第一次世界大戦直後の一九二〇年にドイツで設立され、現在も世界各地に存続する、十六世紀ヨーロッパのアナバプテスト（再洗礼派）やフッター派の伝統を受け継ぐ生活共同体です。英語でソサイエティ・オブ・ブラザーズ（兄弟団）と呼ばれた時代もあります。

創設者のエベルハルト・アーノルト（一八八三〜一九三五年）は、敗戦ドイツの社会的不安と大混乱の中で、この世界の真実の改造と救済とは、ひとり神にのみ発見できると考え、妻のエミーとともに青年運動に挺身していました。そのような中で彼を惹きつけたのは、徹底して聖書の教えを実践する古いフッター派の信仰でしたが、そのような教会をどこにも見出すことができませんでした。そこで彼は、中央ドイツのザンネルツという村に果樹園と農場のついている家を借り、他の六人の同志と子ども五人で、エルサレムの最初期教会に倣ってすべてを共有する共同生活を創めます。それが今日に続くブルーダーホフの胚種です。

当時のドイツはヒトラーの台頭期でした。アーノルトたちの聖書的平和主義は、ナチの戦争政策や全体主義とは相容れず、秘密警察による厳しい圧迫と迫害に直面する中で、愛し合う兄弟団はひたすら苦難の道を旅するほかありませんでした。一九三七年にはナチス・ドイツから追放され、イギリスに避難して共同体を建設しましたが、第二次世界大戦勃発とともに、三百五十人のメンバーは危険を冒して南米のパラグアイに移住します。現在、アメリカに十三か所、イギリスに三か所、ドイツに二か所、オーストリアに三か所、パラグアイに一か所のブルーダーホフがあり、会員数は約三千人と言われています。

ブルーダーホフの歩みは、共同体内においても、成長と分裂、存続の危機と新生の歴史でもありました。本稿では、現在の彼らの生活や活動を紹介するよりも、信仰の継承と共同体の存続という課題に焦点を絞って、ブルーダーホフの歴史を考えてみたいと思います。

I　共同体創設のビジョン

アーノルトと初代の同志が、ブルーダーホフの生活基盤としてかかげたことは、キリストのための生活の簡素と単純と清貧でした。両性間の純潔と結婚の神聖も重んじられました。日常生活はキリストにある信仰に貫かれ、使徒の働き2章、4章に記されている、最初期教会の愛と信仰と財産の共同体そのままに、現金や所持品だけでなく、時間や賜物をも共有しました。旅人や訪問者は差別されずに温かく迎え入れられました。アーノルトたちは、お金のあるなしなどは考えることなく、信仰に基づく確信に立って、断乎として共同体を出発させたので、窮乏のどん底で苦闘しました。しかし、労働の喜びは恢復され、キリストの慰め、聖霊の励ましが、共同生活のすみずみまで浸透して行きました。神への深い献身、隣人や家族への愛、イエスの教えに忠実であることが、彼らの契約の中核です。創設者の妻エミーは、初期の生活を振り返って次のように書いています。

はじめから、私たちに明らかであったことは、私たちがこの仕事の建設者になろうなどとは考えていないということでした。共同体は人間が造るものではありません。ただ聖霊の賜物として与えられるものです。私たちが願っていたのは、ただ兄弟の中にあって、兄弟として生きること、私たちと同じ願いを持っている人なら、誰であろうが仲間として迎え入れるということでした。自分自身の考えに固執する人は、この道を歩むことは容易なことではありませんでした。毎日の生活にも不一致がありましたし、内輪の集まりにおいてすら議論が分かれました。気持ちが合わなくなり、留まれないと言って、離れて行く人もありました。昼の間はよく働き、夜は訪問者のために話し合いの時がもたれました。それは時にはひどく熱をおび、何か私たちから出て来たとは言えないようなものが割り込んで来て、突然皆を沈黙させてしまう、そんなこともありました。（榊原巌『現代基督者財産共同体の研究』平凡社）

創設者エベルハルト・アーノルトの著書『なぜ私たちはコミュニティーで生活するのか』（初版一九二七年、未邦訳）は、実践に基づく生活共同体に関する文章として、今日なお色褪せぬ名著です。そこにアーノルトは次のように記しています。

コミュニティーの生活は、火による殉教のようです。それはすべての力、すべての権利など、通常の生活においては正当だと思われるようなすべての主張を犠牲にすることです。火の象徴を用いるならば、個々の薪は焼き払われ、ひとつの燃えさかる炎となって、繰り返し、この地に温もりと光を与えるのです。

コミュニティーで働く男女の仲間が、自らすすんで手を携え、すべての身勝手で独りよがりなことを手放すならば、その協働はすべての人々が遂にはひとつとされることのしるしとなります。この一致は、神の愛と来りつつある御国の力のうちに見出されるものです。……

私たちはコミュニティーに生きます。なぜなら、喜びと愛の霊は、どの時代にも他者とひとつに結ばれて生きたいという願いを駆り立て、私たちを他者へと向かわせるからです。……私たちはコミュニティーに生きなければなりません。なぜなら、神はこの時代の人々が漠然と求めているものに対して、信仰による明確な答えを与えることを私たちに望んでおられるからです。（私訳）

一九三〇年、アーノルトは、フッター派の群れがアメリカに現存することを知り、その村々を訪問して共に暮らします。そこで彼はフッター派の長老として受け入れられ、ブルーダーホフは、フッター派の教会共同体の一部として認められます。

Ⅱ　危機を乗り越える共同体――新生の歴史

ブルーダーホフの歴史は内と外からの艱難の中で危険に充ちていました。共同体内部のことで言えば、まず創設者であり、偉大な霊的指導者であったエベルハルト・アーノルトの死は大きな転機でした。

その日は突然訪れました。かねて足の骨折で苦しんでいたたいたアーノルトの患部に病毒菌が入り悪化しました。ザンネルツから分離したロェン兄弟団でのことです。妻のエミーと、二、三人の兄弟姉妹が歌う讃美歌を聴くと、意識を失っていたエベルハルトの頬を涙がつたわって流れました。それが彼の命の最後のしるしでした。一九三五年十一月、五十三歳でした。

多くの人たちは、エベルハルトが死ねば、ブルーダーホフは崩壊すると考え、彼に向かってそれを口にする者たちもいました。それに対してエベルハルトはこう答えました。「人間がつくったものならそういうこともあるでしょう。しかし、まことの共同体は聖霊によってのみ造られ、支えられるのです。いつまでも滅びることはないでしょう。」

エベルハルトの死後、兄弟姉妹たちは、数々の迫害と、食うや食わずの赤貧の中にあって、そこが真実の共同体であることを、事実をもって示すことに全身全霊を傾けました。そういう中で、一九三七年四月十四日、ロェン兄弟団に最後の日が来ました。「ドイツにとって好ましからぬ者たち」という理由で、わずか二十四時間の猶予しかない退去命令がナチの政府から発せられました。そして、ある者は捕らえられ、ほかの者は追放されました。

しかし、ロェン兄弟団解散の結果は、人々の予想に反するものでした。それはブルーダーホフそのものの終焉ではなかったのです。それによって、彼らの生き様《よう》に表された宣教と証言は、ドイツの国境を越えて、広く世界に福音の種子を蒔く、くすしい主の摂理に与ることになりました。

祖国を離れた彼らは、時代の嵐の中で、オーストリア、イギリス、パラグアイへと移り住んで信仰共同体を営みます。そこで多くの人々が、彼らの生き方に引きつけられて共同体に加わりました。そうして彼らは、広く世界に福音の種子を蒔くことになったのです。

創設者の死とも関わって、ブルーダーホフの存続にとっての最大の危機となったのは、共同体内部における理念や方針の違いでした。それは共同体の初期から存在しましたが、アーノルト存命中は、彼のカリスマ的な指導力で抑えられていました。アーノルトがフッター派に魅了されていたことが示すように、彼の共同体に関する理念は深い信仰に基づくものでした。しかし、その時代は社会主義運動の勃興期でもあり（ソビエト連邦の成立が一九二二年）、アーノルトの側近たちの間には、社会運動としての共同体に関心を持つ者たちも多くいました。彼らは信仰よりも世俗的な合理主義に共同体運営の理念や原則を求めました。やがてそれは人々の心に浸透し、アーノルトのような信仰にはついて行けないといった雰囲気がブルーダーホフに広がります。アーノルトの死後約四半世紀を経て、世俗派が覇権を握り共同体全体の手綱をとるようになりました。その結果、フッター派との交わりも絶たれます。

そういう中で、未亡人エミーと、三人の息子たちは、共同体の中枢からはじき出されます。世俗派が提唱する内に向かっては自由、外に向かっては国際的拡大という政策の中で――アーノルト家族の左遷をかねて――造られたのが、ニューヨーク近郊のリフトンにあるウッドクレスト・ブルーダーホフです。未亡人と三人の遺児は、父エベルハルトから受け継いだ、愛と喜びと自由の精神をもって、共同体の原点復帰のために信仰を燃やしました。神は彼らを祝福され、やがてウッドクレストは成長してブルーダーホフ全体の中心拠点になり、彼らの霊は全共同体に流れて行きます（それは世俗派との分裂の過程でもあったのですが）。どの共同体にも、初代の愛と自由の精神を再現しようと心から願っている残れる民がいました。長兄ハーディの言葉を引用します。

イエスのみ霊とほかの精神を混ぜ合わせることは絶対にできない。ソサイエティ・オブ・ブラザーズが、ウッドクレストで再出発をしたとき、イエスの活けるみ霊は、日々に悔い改めと赦しの炎となって燃え広がっていった。エベルハルトたちがイエスへの弟子の道を求めて立ち上がったあの初代の精神の復興を心から望んでいた旧い兄弟たちの信仰と希望とが、ここに再び生き生きとして蘇って来たのである。（榊原巌著『教会共同体の歴史』平凡社）

Ⅲ　次世代に引き継がれる信仰

次男ハインリッヒ（ハイニ）に受け継がれている信仰の言葉を紹介しましょう。彼はある人への手紙に次ように書いています。

私たちは言葉には飽き飽きしました。それらは安っぽく、どこでも聞かれるものです。兄弟や同胞を愛することに誰が反対するでしょうか。私たちは言葉ではなく、愛の行いを求めています。石ではなく、パンが必要なのです。……私たちがここに生きるのは、分別をもって簡素に生きるだけでは十分ではないことを知ったからです。キリストが私たちに求めるのはそれ以上のものです。彼は私たちの全人を求めておられます。（私訳）

と同時に、ハイニは、持ち物を分かち合うことは、信仰の結果であり、土台ではないことを注意深く指摘しています。

キリストにすべてをささげることは、神が私たちに与えられた、持ち物、才能、生命を、神とその御霊によってのみ支配していただくようにすることです。……持ち物を共有する共同体は、いつの時代にも、愛と恵みから生まれます。それはペンテコステの恵みに動かされた人々の心に注がれるものです。（私訳）

ブルーダーホフという生活共同体の存在も、その創設者エベルハルト・アーノルトの名も、日本のキリスト教界ではほとんど知られていません。出版部門である「プラウ」（Plough）は、エベルハルトに深い影響を与えたブルームハルト父子の本の英訳をはじめとして、彼らならではの思いがけない書物を出しており、しかもメッセージを伝えたいという意図なのでしょう、多くの本を自由にダウンロードして読めるようにしています。私の知る限り翻訳されているのは一冊だけです（ヨハン・クリストファー・アーノルト著『憎み続ける苦しみから人生を取り戻した人々の物語』いのちのことば社）。関心のある方々は、ブルーダーホフのウェブサイトにアクセスしてください（www.bruderhof.com/）。YouTubeで彼らの生活の映像も見られます。

第17章　コイノニア・ファーム――アメリカ最南部で神の国を生きる

キング牧師の名によって知られるアフリカ系アメリカ人（黒人）の公民権運動の導火線となったモンゴメリー・バス・ボイコット事件が起きたのは、一九五五年のことです。粘り強い非暴力の運動の結果、制度的な人種差別を撤廃する公民権法が制定されたのは一九六四年で、それまで、ジョージア州、アラバマ州、ミシシッピ州などの南部諸州では、白人による黒人の人種分離が合法的にまかり通っていました。すなわち、交通機関や水飲み場、トイレ、学校や図書館などの公共機関、さらにホテルやレストラン、バーやスケート場などにおいても、白人が有色人種すべてを分離することを合法としていたのです。

公民権運動開始から十年以上も遡る一九四二年、最南部（ディープサウス）のジョージア州アメリカス近郊に、クラレンス・ジョーダン夫妻と、マーチン・イングランド夫妻の二組の夫婦によって、「コイノニア・ファーム」という生活共同体が生まれました。「コイノニア」（聖書のギリシア語で「聖霊が造り出す交わり」の意）の名のとおり、そこは農作業をしながら、白人も黒人も、誰もがキリストにあって平等に働き、生活する共同体でした。

I　共同体創設のビジョン

コイノニア・ファームの創始者のひとりで、共同体の指導者であったクラレンス・ジョーダン（一九一二～六九年）は、ジョージア大学で農業を学ぶ期間に、貧しさの根本には経済的理由とともに、私たちの生き方に関わる霊的な問題があるという確信を持ちます。大学卒業後、ジョーダンは、南バプテスト神学校で学び、新約聖書のギリシア語の分野で博士号を取得しました。

コイノニア・ファームを創める際のジョーダンのビジョンは、貧困と人種差別が蔓延するアメリカ南部の郡部に、神の国の目に見えるしるしとしての生活共同体をつくることにありました。それは使徒の働き2章42節に記されている最初期のキリスト者共同体を模範にして生活するということでした。すなわち、すべての財産を共有にして分かち合い、信仰と生活と労働を共にしながら、みことばに少しの水増しもせずに、徹底してキリストに従って歩む生き方です。ジョーダンはまた、神の聖なる大地を保持するために、農耕生活によって土地と共に生きるあり方を求めました。

コイノニア・ファームのメンバー（コイノニアン）は、最初からすべての者が兄弟姉妹であることを強く主張しました。季節労働のために雇われる者たちに対しては、黒人にも白人にもまったく平等の賃金が支払われました。共同体のメンバーとゲストや労働者が祈りや食事をする際、人種に関わりなくひとつのテーブルを囲みました。当時のアメリカ南部では考えられないことでした。

コイノニアンは、彼らの新約聖書の解釈に基づいて、次のことに自分のからだを献げることを約束します。

一　すべての人に尊厳と正義をもって向き合う。
二　暴力に対して愛をもって対する。
三　すべての持ち物を分かち合い、簡素に生活する。
四　大地と自然資源の管理者として生きる。

コイノニアンの生き方は、徹底してキリストに従う道において、アメリカの物質主義、軍国主義、人種差別に抗するものです。

Ⅱ　迫害に抗して生きる共同体

コイノニア・ファームが設立された一九四二年は、第二次世界大戦の最中でした。平和主義のコイノニアンは、良心的兵役拒否者であり、戦線には断乎として出なかったので、周囲の者たちの憤慨の的となりました。さらに戦後は、共産主義者と混同され、反ソビエト感情の高まりの中で官憲に調べられ、売国奴と見なされました。一九五〇年代になり、南部における人種問題が極度に沸騰するようになると、人種差別をしないコイノニアンに対する風当たりはさらに激しくなりました。コイノニア・ファームを壊滅しようとする白人至上主義団体「クー・クラックス・クラン」（ＫＫＫ）などによる、脅迫、ピストルや自動小銃での銃撃、ダイナマイトによる爆破テロが相次ぎました。共同体のメンバーになった黒人と、周囲の黒人家族に対する執拗な脅迫とテロは、遂には黒人メンバーが自主的に共同体を離れることを余儀なくしました。

さらにコイノニア・ファームを追いつめたのは、ボイコットによる経済封鎖でした。チェーンストアや食料品店が農場の作物や卵を売ることを断ってきました。肥料屋は肥料を売ってくれません。新しいメンバーのために家を建てようにも木材が手に入りません。保険契約は解約され、銀行は突如として取引の継続を拒絶し、自動車修理工場は修理や部品の販売を拒み、ガソリンスタンドからも拒否されました。農繁期には何台ものトラクターやコンバインのためのガソリンが必要ですが、遠くのスタンドから買って備蓄したガソリンポンプに何発もの大きな口径の弾丸が撃ち込まれました。冬になると、長年取引のあったガス会社が、今後一切ガスを供給しないと言ってきました。暖房から料理にいたるまで、ガスが燃料として使われていたのです。加えて州の役人による法的な調査やいやがらせもひどいものでした。弁護士を雇うよりほかに手はありませんでしたが、その地方にはその役を引き受ける弁護士はいませんでした。

熾烈な迫害に対して、コイノニアンは、ただ祈りと非暴力の抵抗（地方紙への投稿、門での寝ずの番等）、そしてイエスの福音への献身を新たにすることによって向き合いました。ペカン（クルミ科の脂肪分の多いナッツ）やピーナッツなどの作物、ベーカリーのパンは遠隔地からの郵便による注文に活路を求めました。幸いアメリカ全国のあちこちから信仰による共感と救援の声が上がり、コイノニア・ファームを窮地から救い出しました。これは現在にまで続く農場の収入源です。

苛酷な迫害の中で、コイノニアンは「これからどのようなことが起きるだろうか。我々はこのような迫害と神経戦に果たして、これ以上よく耐えてゆけるだろうか。この強い圧迫をはね返すことができるほど、強くなれるだろうか。もっと穏やかな空気のところへ移ったほうがよいのではないだろうか」と考え、何度か会議を開いて話し合いました。そして、最後までそこに留まり、信仰の証しを立てるよりほかにとるべき道はないと決心して次のように記します。

愛と同胞感情とに生きる新しい日の到来への願望を共にわかつ無数の友人たちの祈りと、実質上の援助にささえられ、また神の永遠の目的を鋭く察知して、われわれはパウロとともにいう。「われ確く信ず。死も生命も、御使も、権威ある者も、今あるものも、後あらんものも、力あるものも、高きも深きも、この他の造られたるものも、われらの主キリスト・イエスにある神の愛よりわれらを離れしむるを得ざることを」（ロマ書八・三八、三九）と。（『現代基督者財産共同体の研究』）

Ⅲ　変革の歴史――変わらないビジョンの中で

一九五〇年代末には暴力的な迫害は沈静化しますが、迫害の期間にメンバーの数は減少しました。その頃、コイノニアンは、付近の貧しい病気の黒人老夫婦に救援の手を差し伸べる中で、周辺に住む低収入の黒人たちのためにまともで手頃な価格の家を建てる活動を始めます。ジョーダンと語らいながら、この働きを指導したのは、ミラード・フラー夫妻でした。この夫妻は以前コイノニア・ファームで一か月を過ごした後、ビジネスマンとして豊かな富を築きました。夫妻はそのすべてを投げ打ち、新たにキリストに献身して、コイノニア・ファームに戻り新しい活動を始めました。やがてフラー夫妻の働きは、貧困により劣悪な住環境に暮らす家族に非営利で無利子の住宅支援を行う国際組織「ハビタット・フォー・ヒューマニティ」の活動へと発展しますが、彼らは「ハビタット」と、それに続く新しい働きの拠点をコイノニア・ファームに置きました。

クラレンス・ジョーダンは、一九六九年、ペカン園の小屋で説教準備中に心臓発作で召されました。ジョーダンのビジョンを引き継いだコイノニアンは、農場の経済発展を維持しながら、公民権運動、難民の受け入れ、刑務所のミニストリー、人種の和解、平和のための活動、幼少児教育、若者の夏期キャンプ（十一〜十五歳の異なる人種や背景の若者が楽しく遊びながら、正義や平和について語り合う）、老人支援プログラム（近隣の老人の生活を具体的に助ける）、識字教育、住宅建設や修理、訪問者をもてなし、彼らの歴史を伝えること等、広範な働きをしています。

一九九三年、彼らは「財産の共有」（コモン・パース）を廃止し、それまでの生活共同体を基とするあり方から、理事、スタッフ、ボランティアから成る委員会によって運営される非営利団体へと構造変革を行いました。この期間の法人組織は「コイノニア・パートナーズ」と呼ばれます。しかし、この組織は生活共同体にはそぐわないものでした。二〇〇五年、彼らは再びキリスト者生活共同体のあり方に立ち返ります。「財産の共有」はなされませんでしたが、各メンバーは、それぞれの必要に応じて収入を受け取るようになり、彼らの生活共同体はまた

「コイノニア・ファーム」と呼ばれるようになりました。

ギリシア語学者であったクラレンス・ジョーダンは、晩年、説教とともに、新約聖書を身近な言葉に訳すことに精力を注ぎました。「コットン・パッチ・バイブル」として知られるこの訳は、新約聖書のメッセージを大胆にアメリカ南部の生活現場に移したもので、たとえば、「ユダヤ人と異邦人」は「白人と黒人（ニグロ）」、「十字架につける」は「リンチ（私刑）にする」、「ローマ」は「ワシントンDC」、「ユダヤ」は「ジョージア」（「ユダヤ総督」は「ジョージア州知事」）、「エルサレム」は「アトランタ」とされます。「エペソ人への手紙」は、「バーミンガムのクリスチャンたちへの手紙」になります。因みに、ジョーダンは、エペソ人への手紙2章11～13節を次のように訳しています。

だから、いつも心に留めておきなさい。あなたがたニグロ（黒人）は以前は、時に心ない白人教会のメンバーから「ニガー」（黒んぼ）とさえ呼ばれていました。クリスチャンの交わりから排除され、信者の仲間としての権利を否定され、この世の目からは、福音とは関係ない者とされ、希望を持たず、神から見捨てられたかのように生きていました。しかし、今や、そんなにも遠く離れていたあなたがたが、キリストのこの上ない犠牲のゆえに、クリスチャンの交わりにあたたかく迎えられるようになったのです。（私訳）

この訳にもみられるように、ジョーダンは、ユーモア（諧謔《かいぎゃく》）とウィット（機知）の人でした。ボイコットによって養鶏事業がだめになったとき、ジョーダンはこう語ったと言われます。「殻は白いし、鶏舎は白いし、鶏だって純白のレグホンなのに。きっと黄味が有色だったからかもしれない。」

こういう逸話もあります。ある牧師が教会堂を案内しながら、椅子や装飾の自慢をしました。外に出ると、ちょうど夕陽が尖塔の先の大きな十字架を照らしていました。牧師は誇らしげに言いました。「あの十字架だけで一万ドルはしました。」ジョーダンは、その牧師をじっと見つめて言いました。「えらくだまされたもんですね。今はクリスチャンはそれをただで手に入れられるんですが。」

このようなユーモアとウィットは、クラレンス・ジョーダンの人柄を語るだけでなく、福音信仰の本質にあるもののように思われ、コイノニア・ファームとその創始者の名とともに、印象深く筆者の心に刻まれています。

第18章　リーバ・プレース・フェローシップ
——都市のただ中で愛の道を歩む

第二次世界大戦後の深刻な社会不安の中で、米国における再洗礼派の信仰の復興を熱望するハロルド・ベンダーが「アナバプテストのビジョン」という講演を行いました。ローマ皇帝コンスタンティヌスがキリスト教を国教と定めて以来、教会は国家権力と手を握って来ました。キリスト教国アメリカにおいて「弟子の道」に献身する「兄弟の群れ」として、どんな犠牲を払ってでも聖書的信仰の証しを立てようと、ベンダーは、再洗礼派の後継者であるメノナイトたちに声を大にして訴えたのでした。

ベンダーのメッセージを受けとめた者たちの中に、メノナイトの大学であるゴーシェン大学の教授であったジョン・W・ミラーがいました。ミラーは、ベンダーが提唱したビジョンを自分たちの生活に生かすために、小さなグループで研究を始めます。学びの結論は、キリストが教えられた愛のわざを生活しようとすれば、使徒の働きの2章、4章にある教会共同体への復帰に行き着くということでした。そしてキリスト教の歴史の中に、制度的教会の外に出て兄弟の群れをつくり、教会共同体に生きた証人たちを見出しました。

ミラーを中心にした三人は、研究や論議に留まることなく、主イエスに示された愛の道をまっすぐに進もうと踏み出しました。一九五七年八月、彼らはシカゴの北に隣接する都市エヴァンストンのリーバ・プレース街に教会共同体形成の一歩をしるします。今日に続くリーバ・プレース・フェローシップの創まりです。

I　共同体創設のビジョン——「愛の道」を生活する

リーバ・プレース・フェローシップのビジョンは、聖書のみことばに示された主イエスの愛の教えに生きることでした。

「わたしはあなたがたに新しい戒めを与えます。互いに愛し合いなさい。わたしがあなたがたを愛したように、あなたがたも互いに愛し合いなさい。互いの間に愛があるなら、それによって、あなたがたがわたしの弟子であることを、すべての人が認めるようになります。」（ヨハネ13・34、35）

「人が自分の友のためにいのちを捨てること、これよりも大きな愛はだれも持っていません。」（同15・13）

彼らは、現代社会においてこの主イエスの「愛の道」を生きることを、具体的に五つの視点から考えました。

まず第一は「愛と生活拠点の選択」ということです。従来、キリスト教生活共同体の多くは農村地帯に拠点を置き、農耕生活を営みました。しかし、現代は大都市文化の時代です。都市文化を白眼視せず、数々の問題が渦巻く都市に飛び込み、世から遊離しないで、世のただ中で愛の道を生きてこそ、生活即伝道という真にキリスト者らしい生き方ができると彼らは考え、都市の一区画を共同生活の場に選びました。これはリーバ・プレース・フェローシップの大きな特色です。

第二は「愛と経済面での分かち合い」です。メンバーは、都市に生きる普通の俸給生活者です。給料は全体の財布にプールされ、各自の必要に応じて一定の基準で支給されます。基準はイリノイ州の貧民救済補助金です。生活水準ぎりぎりであっても、大量購入や共同炊事であることや、工夫を重ねて支出が抑えられます。メンバーは普通の給料を得ているのですから、当然お金が貯まります。余ったお金は貯金されず、困った人たちを助けるために使われます。メンバーは、生命保険や傷害保険にも入りません。組織された「生命保険的」愛に反発するのです。もっと血の通った助け合いを願い、病気や死亡の際は仲間がみんなで助け合います。

第三は「愛とメンバー間の共存」です。メンバーがキリストの愛の教えを真実に生きて日々を暮らすことが大切にされます。そのために、二枚舌を使わず心を開いて何も隠さないこと（罪の告白）、罪を放任せず愛を込めて指摘すること、しかし決してひとを裁かないこと（赦し合い）が、共同生活を破壊する悪魔の暗闇のわざと戦うために大切だと彼らは考えます。

第四は「愛と決議の仕方」です。共同体の決断は、第二と第三の約束が守られていることを前提とします。共同体の全員は、毎週決まって集まる会合で、すべての問題を神と人との前に持ち出し、お互いに相手の心の支えになるように願い、「神の国と神の義」を共に求める方向で決断を下します。

第五は「愛と社会奉仕」です。メンバーが職業を選択する際、営利目的の一般企業よりも、社会福祉事業を優先します。ただメンバーにはそれ以外の仕事をしている人たちもいます。また大工仕事や電気工事の心得のある者たちが組になって、共同体内や外部で低料金で責任ある仕事をするというようなこともあります。

リーバ・プレース・フェローシップは、都市における共同生活において「愛の道」を追い求め、創立六十年余りを経た今日に至るまで成長を続けています。しかし、その道は起伏に満ちたものでした。

Ⅱ　聖霊による刷新と成長

リーバ・プレース・フェローシップの歩みの大きな転換点は、一九七〇年代の聖霊体験にありました。それは創始者で指導者であったジョン・W・ミラーが大学教授になるために共同体を去った時期に重なります。共同体は、当初、ミラーたちのカリスマ的な奉仕精神から生まれました。それから十数年、共同生活に大きな問題はありませんでしたが、メンバーのひとりでコミュニティーのあり方に造詣の深いデーヴ・ジャクソンによれば、共同体は「伝道奉仕に必要な力もそれほどなく、礼拝のうちに喜びを見出すこともきわめて少ない、よちよち歩きで弟子の道を進んで行く」という状態でした。

一九七一年、ジョン・ミラーから指導者の立場を受け継いだヴァージル・ヴォークトは、州の地域精神保健の仕事を辞めて、牧会に専心するようになります。ヴォークトは、テキサス州ヒューストンのリディーマー・チャーチ（贖い主の教会）でグラハム・ポーキンガム牧師の導きで起こっていた聖霊刷新運動に深く影響され、多くのメンバーも聖霊による刷新に一切をかけるようになります。彼らは教会という兄弟の群れの生活の中で、聖霊がなされる役割を熱心に求めました。力に満ちたバプテスマとはどういう意味なのか。祈りに祈りを重ねた結果、彼らの礼拝と生活は新しくされ、自由な喜びの霊が共同体を支配するようになりました。

ヴォークトは、このカリスマ的な運動に触れて次のように語っています。「キリストの内なる新しい生命と同じように、聖霊のバプテスマは個人個人の経験としてのみ存続すべきはずのものではない。何人かが集まってひとつ体となった集合的な生命の内にあっても、その充実は経験されるのである。今日、われわれが必要とするものは、聖霊に満たされた個人ではない。それは実に聖霊の力を持つ人々の群れである。」

その頃のことを、傍観者だったジャクソン夫人は次のように書いています。「何か新しいもの、心をわくわくさせるに足る何ものかが起こっている。……わたくしの将来がたといどんなものであるにせよ、これを完全に主にゆだねきって、真実、わたくしの生命を神にささげる新しい自由が、今や生まれて来ている。」

あまりの変化に共同体を去る古いメンバーもいました。事が大げさになりがちであったり、グループによっては権威主義的な支配の危険もありました。しかし、七〇年代の聖霊刷新によって、共同体は、所有家屋やメンバー数において大きく成長しました。また、その後の歩みにおいても、リーバ・プレース・フェローシップは、新しい霊の注ぎによって、新しく杭を打ち、天幕を広げ続けています（イザヤ54・2）。

Ⅲ　リーバ・プレース教会の誕生と現在までの歩み

一九七〇年代の終わり頃、生活共同体とは別に地域の人々が出席できる教会が必要になりました。一九八一年、数組の指導的な夫婦が生活共同体を離れて、新しい教会の核になるように遣わされました。リーバ・プレース教会の誕生です。教会は成長し、リーバ・プレースは全体として、共同生活者よりもそうでないメンバーの方が多い三百人を超える群れになりました。

人種的偏見を克服する道は、都市に拠点を据えた共同体の最初からの願いでした。実際、地域環境が悪化の一途をたどり、白人たちが恐怖から逃げ腰になっていた頃、共同体が手を差し出し、その地域が全シカゴの中で黒人と白人が何の対立も、争いもなく、最も平和に暮らす場所になりました。しかし、様々な人種の人々が住む都市の地域で、教会のメンバーがほぼ白人であるということが今なお課題としてあると彼らは言います。

二〇〇二年にヴァージル・ヴォークトが引退し、教会に新しい牧師が就任し、生活共同体に新しい霊的リーダーがおこされる過程で、リーバ・プレース全体は大きな変化を遂げました。一九八一年のリーバ・プレース教会の設立以来、二つに分かれていた集会が、また一つにされました。二〇〇四年以降、共同体に若者のメンバーが増えています。個人主義、消費主義、不正と暴力がはびこる現代社会において、世とは違った生き方を求める若者が共同体を訪れるようになりました。生活共同体の中心拠点である「カナの家」は、もう何年も月曜日に持ち寄りの夕食会をしています。食事の後は、現代社会でいかに主に従って生きるかについてのセミナーが開かれます。この働きは他の共同生活の家にも広がり、現在リーバ・プレイス・フェローシップには若者が共同生活する家もあります。

急速に変化する都市生活において、リーバ・プレース・フェローシップは、変えてはならないものを見つめながら、時代と社会に向き合って変化を繰り返しています。一九七〇年代にリーバ・プレース・フェローシップをモデルにした、幾つかの都市型生活共同体が生まれましたが、そのほぼすべてが消滅しました。その中でリーバ・プレース・フェローシップがなお成長を続けているのは、聖霊の働きに柔らかに心を開き、変化を受け入れるあり方にあると思います。

あるとき、深刻なアルコール依存症の男がリーバ・プレース・フェローシップを訪ねて来ました。古参のメンバーが、キリストを信じて仲間に加わらないかと勧めます。男は戸惑いながら、目的地までのバス代が欲しいだけだと言いました。「いいだろう」とメンバーは答えます。「その手のことでも助けになるよ。君が本当に必要としているのがそれだけなら。」そして、しばらく黙った後で、頭を振りながらこう言いました。「教えてやろうか。私は君のおかげで危うく窮地に陥らずに済んだのだ。もし君が神の御国での新しい人生を選んでいたら、君は私の兄弟になって、私は君に私のすべてを与えなければならなかった。」次の日曜日、彼は男が礼拝堂の椅子に座っているのを見出しました。

リーバ・プレース・フェローシップへの召しは、神が私たちに恵みを下さるような仕方で、愛と弟子の道に専心するコミュニティーを形成し、そのようなコミュニティーをさらに生み育てることによって、イエスの宣教を推し進めることにある。（「リーバ・プレース・フェローシップ宣教宣言」）

＊英文ホームページ（rebaplacefellowship.org）で、彼らの詳しい歴史と活動、住居の画像も見ることができます。

第19章　マリア福音姉妹会――山をも動かす信仰と祈り

一九四四年九月十一日、ドイツの都市ダルムシュタットは、イギリス空軍による爆撃で、一夜のうちに廃墟と化しました。人口密度の高い中心部になされた空爆によって、一万二千人以上の人々が死に、約六万六千人が住む家をなくしたと言われます。

ダルムシュタットで青年会を導いていたクララ・シュリンク（のちのマザー・バジレア）とエリカ・マダウス（のちのマザー・マルテュリア）は、共にヒトラーのナチ政権下のユダヤ人政策に従わずに身を危険にさらした人々ですが、彼女たちは、長年、少女聖書研究会の霊的覚醒（リバイバル）のために祈っていました。二人の祈りは思いもよらない方法で答えられました。

激しい空襲による「大火の夜」、死に直面した少女たちの魂は激しく揺り動かされ、生も死も支配なさる聖なる神の御前に立たされました。神の光に照らされた彼女たちは、自らの罪を明るみに出し、心から赦しを求めて、中途半端な信仰の歩みを悔い改めました。その結果、彼女たちの心は、感謝、喜び、愛に満たされ、それまでの霊的な無関心と生温い信仰生活を捨て、すべてをキリストに献げたいという思いでいっぱいになります。そうして廃墟となった地に新しいいのちが誕生する中で、数人の少女が共同体として共に生きるように、神が自分たちを召し出しておられると気づきます。

一九四七年三月三十日、主イエスの母に因んで名づけられたマリア福音姉妹会の創設式がダルムシュタットにあるマザー・バジレアの両親の家（シュタインベルクハウス）で執り行われました。プロテスタントの信仰に立つ女子修道会の誕生です。

I　礼拝堂の建設——ただ主の助けによってのみ

マリア福音姉妹会誕生から間もなく、シュタインベルクハウスは次第に狭くなり、姉妹たちはダルムシュタット郊外に寄贈された土地へと導き出されました。まだ何もないその所は、後に「小さなカナン」となるべき地でした。

一九四九年、神は、姉妹会の二人のマザーに「彼らにわたしのための聖所を造らせよ。そうすれば、わたしは彼らのただ中に住む」（出エジプト25・8）というみことばをもって、そこにまず神ご自身が崇められる礼拝堂を建てるようにお命じになります。礼拝堂に隣接して、入会を希望するシスターたちを迎え入れるためのマザーハウスの建築も必要でした。しかし、そのとき、姉妹たちの手元にはわずか三十マルク（約千五百円）の建築資金しかありませんでした。市当局から建築許可が下りるまでの道はまさに奇跡の連続でした。市の建築課の役人が「ダルムシュタット市の建築課ができて以来、仕上がった設計図を見もしないで、しかも財政計画もないのに、こんなに早く建築許可を与えたというような例は、いまだかつてなかった」と語ったと言われます。

礼拝堂建築の基礎工事のために、姉妹たちは自分たちの手で地面を掘り始めます。（これもまた奇跡的に！）市役所職員の一人が、町の廃墟のレンガを使用する許可を与え、姉妹たちは大きな希望に満たされます。しかし、古いレンガを再利用するためには、一つ一つ形を整えなければなりませんでした。きつい肉体労働の期間に、姉妹たちの信仰は何度も試され、建築現場は日々に和解の実践の場となりました。建築用地に「祈りのテント」が張られ、姉妹たちは、必要とするすべてのものを主の御前に携えて行って、交代で十五分ずつテントで祈りをささげました。建築現場で問題が起きる度ごとに、すべてのシスターたちは「祈りのテント」に集い、主の御前で祝福を妨げているものを示していただくように祈りました。緊張した互いの関係や苛立ちが主の前に示され、互いに主に赦しを求め、問題が解決されました。そうして、礼拝堂とマザーハウスの外壁は次第に高くなりました。

一九五二年十二月、「イエスの御苦しみの礼拝堂」は完成し、主に献げられました。マザーハウスとともに、国や教会からの補助金を一切受けることなく、ただ神への信仰と信頼によってのみ建てられたのです。現在、マザーハウスの入口になびく旗には、「天地を造られた主の助けによってのみ、イエスに対する信仰により建てられた」という言葉が記され、訪問客を迎えます。神を崇めることこそが、姉妹たちに与えられた最初の使命であり、いつも変わることのない最も大切な使命です。

Ⅱ　「小さなカナン」の建設

神の奇跡は「小さなカナン」の建設に続きました。マザーハウスの南に、森の静けさに囲まれた広大な土地がありました。一九五五年五月四日、神は、そこをご自身の約束と奇跡の地「カナン」とし、愛の王国である神の国の息吹が感じとられる所とするという内的確信をマザー・バジレアに与えられました。しかし、その土地は近い将来、大きな住宅地となり、そこを横切ってバイパスを通す構想が確定していて、しかもその計画は市の建設局だけでなく、最終的には連邦政府の管轄下にありました。

マザー・バジレアがこの大きな使命を姉妹たちに語った日の夕方、彼女たちは神の約束を書き記した旗を掲げて、かつてエリコを回ったイスラエルの民のように（ヨシュア記6章）、全員でその土地の周りを行進し、信仰と勝利の歌を歌いました。しかし、攻略を妨げる強固な砦が次々に行く手を塞ぎ、拒絶が繰り返されました。それは何年にもわたる長い荒野の道でした。市当局の責任者は、「マリアのシスターたちは、信仰によってバイパスさえも動かせると考えているらしい」と笑いながら話したと伝えられています。

小さいままで留まる方が楽で、信仰的にも良いことではないかという内的な誘惑もありました。献金は従来どおりの働きを続けるには十分でした。そうすれば「カナン」のためのすべての戦いは終わります。しかし、神は、姉妹たちに勇敢で粘り強い、どんな抵抗に遭っても弱り果てない信仰を求められました。姉妹たちは歌いました。「バイパスは移る……イエスは勝利者、この地、主のもの！」

一九五六年のある日、ひとりのシスターが、偶然、建築局で地域見取り図を見て、自分の目を疑いました。バイパスの位置が別の位置に書き直されてありました！「イエスの御苦しみの礼拝堂」の鐘が高らかに打ち鳴らされました。

一九五七年、神は、約束のみことばを与えられました。「見よ、わたしはその地をあなたがたの手に渡している。行け。その地を所有せよ」（申命記1・8）。しかし、土地取得への道は、いよいよ困難さを増し、当局からの暗い情報や通達が相次ぎました。それでも彼女たちは、約束のみことばにすがりついて、祈りと信仰をもって荒れ野の道を進んで行きました。

一九五七年三月三十日、マリア福音姉妹会創設十周年記念の日、祝典の中で奇跡が伝えられます。開かれるはずのない市議会がその日開かれ、今まで優勢であった反対意見が突然劣勢になり、「カナン」の土地は、ヘッセン州が所有者からの売却を許可すれば、姉妹会に優先権を認めるという決議がなされたのです。姉妹たちは、勝利の旗を振りながら、「わが父よ、あなたは何と恵み深い方！」と喜び歌いながら礼拝堂に入り、主に感謝をささげました。

しかし、市当局の認可によって獲得への道が開かれた土地は、「カナン」のごく一部でした。一九五七年からの二年間、州庁からの明確な拒否の中で、姉妹会はかつてないほどの試練と困難、信仰の戦いの荒野を通らされました。徹底して身を低くされ、聖められる中で、神は、人の目には隠された奇跡をもって、州知事の心を動かし、強固に反対していた政府高官を他の部署に動かしました。一九五九年三月三十日、マリア福音姉妹会創設十二周年記念日の前日、礼拝堂の鐘が鳴り響きました。州知事が売買契約書に署名したという知らせが届いたのです。しばらくの沈黙の後、賛美の声が湧き起こりました。

今「カナン」には、千人を収容する「イエスの呼び声礼拝堂」を中心にして、様々な目的を持つ沢山の家が建てられています。またそこには、黙想と祈り場所である「イエスの御苦しみと復活の園」や小さな「ガリラヤ湖」があり、渇いた地と心を潤しています。

Ⅲ　和解の使命

一九五〇年以来、マザー・バジレアは内なる導きに従って、伝統を異にするクリスチャンたちとの交わりを深め、架け橋となるようにあらゆる努力を払いました。主に属する者たちの一致を願ったイエスの最後の祈り（ヨハネ17章）を心に留めて、互いを隔てる障壁を取り除き、愛の絆を結び、分裂を癒やすことに専念しました。ナチ時代にドイツが犯した罪を嘆いて、チェコ共和国やポーランドを訪ね、さらにドイツ国家の一人として、ダニエル書9章の祈りをもって過去の罪を償うことを願って、イスラエルに愛を示すために働きました。

一九六一年、エルサレムで、ホロコーストを生き延びた人々のための静養の家「ベト・アブラハム」が献堂されました。当時のエルサレム市長は次のように感謝の言葉を述べました。「私たちのところに新しい始まりの徴がドイツから訪れたのです。私たちはその他のすべてを少しずつ忘れ、あなたがたが持って来てくれた和解や愛だけに目を注ぎたいと思います。」

「押し入れ、揺すり入れ、あふれるほどに」（ルカ6・38、新共同訳参照）という祈りへの答えを、マザー・バジレアは繰り返し語ります。

わたしたちは皆、この広大な土地を見渡す時、更なる驚きを禁じ得ません。それはこの土地の購入費とその建物の費用は、ほぼ同じ時期に支払わなければならなかったからです。日ごとに金庫が底をついたあの最も辛い時、「カナン」の家々と土地のために要した膨大な金額が、いったいどこから来たのでしょうか。それはまさしく神の奇跡によるものでした。（改訂版『神の現実』）

「カナン」はまさに神の奇跡の地です。今日、神がこの「カナン」を、あれほど暗い信仰の道において、試練や犠牲を通して獲得させてくださったことをわたしたちはもはや驚きません。なぜなら、今や、「カナン」が神の国の前味であることを知っているからです。厳しい信仰の戦いや忍耐が試された時、また度々懲らしめや鍛錬のさなかで、多くの涙がこの地に流されたのです。今ではそれだけ大きな喜びと祝いの集い、賛美と歓喜の地となっており、またそれだけ多く、父の御名がほめたたえられる地となったのです。天の父は旅路の最後を豊かに祝福し、暗闇を通ったわたしたちを荒れ地から「約束の地」へと導き、計り知れない実りをもって報いてくださったのです。「カナン」に至る信仰の道は、次のことを語っています。それは、ひたすら祈り、信じ、苦しめば苦しむほど、父なる神はそれだけ多くを与え、信仰の旅路の終わりに奇跡をなしてくださる、ということです。そのような時にこそ、主の力、その栄光と恵みはますます圧倒的なものとなり、神の国のためにより大きな働きが成し遂げられるのです。」（改訂版『神の現実』）

＊本稿の執筆に際しては、マリア福音姉妹会の公式ホームページに多くを依拠しました。バジレア・シュリンク著『神の現実――山をも動かす信仰と祈り』（カナン出版）をぜひお読みください。

第20章　テゼ共同体――小さく貧しい和解のパン種

「ああ、テゼ――あの小さな春の訪れ……」（教皇ヨハネ二十三世）

一九四〇年、カルヴァン派の神学校で学んでいた二十五歳の若者が、生まれ故郷スイスを離れ、母親の祖国フランスに向かいました。新たな世界大戦が人類を引き裂く中で、彼は自分の内に一つの声が響いてくるのを感じていました。それは日々新たに和解への招きに生きる共同体（コミュニティ）を創るようにとの声でした。

若者ロジェ・シュッツ・マルソーシュ（ブラザー・ロジェ）の祖母は、第一次世界大戦のとき、老人、幼い子ども、妊婦らの難民に家を開放して、最後まで爆撃される地に留まり続けました。プロテスタントの家に生まれ育った彼女は、分裂したキリスト者が互いに殺し合ってきたことに心を痛め、せめてキリスト者たちだけでも互いに和解できたならと願って生きたのでした。

第二次世界大戦が勃発したとき、ブラザー・ロジェは、自分も時間を無駄に過ごすことをせず、ただちに苦悩する人々を助けねばならないと強く感じます。人間の苦悩のただ中に身を置こうとした彼は、フランスの貧しい小村テゼに一軒の売り家を見つけます。そこで彼を出迎えたひとりの老婦人が言いました。「ここに留まってください。私たちは孤独なのです。」そこは当時フランスを二分していた境界線（マジノ線）からほんの数キロの所でした。ブラザー・ロジェは、その家に政治難民（主にユダヤ人）をかくまいます。初め（一九四〇〜四二年）は、彼ひとりが、労働しながら礼拝堂で一日三回の祈りをささげる生活でした。

一九四二年、全フランスがナチスドイツの占領下に置かれ、ブラザー・ロジェ不在中にテゼの家は秘密警察（ゲシュタポ）の捜索を受けます。ブラザー・ロジェは、戦争が終わるまでジュネーブで生活し、一九四四年、三人の若いブラザーたちと共にテゼに戻り、戦争孤児を引き取り、ドイツ兵捕虜を家に招きました。

一九四九年のイースター、最初の七人のブラザーたちが、独身生活、院長の司牧への従順、物質的・霊的すべてのものの共有、大きな単純素朴さを生きる共同体の生活への誓願を立てました。エキュメニカル（教派を超えた）男子修道会「テゼ共同体」の誕生です。

I　テゼ共同体の生活と特徴

テゼ共同体の最初のブラザーたちはプロテスタントでしたが、次第にカトリックのブラザーたちも加わるようになりました。さらに正教会（東方教会）のブラザーたちも加わり、現在、すべての大陸の約二十五か国から集った百人を超えるブラザーたちで構成されています。分裂したキリスト者たちの和解の「しるし」（「交わりのたとえ」）であることが、テゼ共同体の中心的な召命です。

一九五〇年代から、何人ものブラザーたちがテゼの村を出て世界の最も貧しい地域に住み、教育、福祉、医療等の活動を行っています。そうした活動にもかかわらず、テゼ共同体は、自らを深い黙想のうちに育まれる祈りを最優先する「観想修道会」と明確に位置づけます。一日三回の祈りの間は一切の他の活動は中断されます。観想的な祈りから押し出されて、困難な現実のただ中で苦悩する人々との連帯に向かう、「内なるいのちと人々との連帯」——この二つは切り離すことができないというのがテゼ共同体の霊性です。

テゼ共同体は、献金、贈り物、遺産等の一切を受け取りません。ブラザーたちは、労働によって自分たちの生活を経済的に支えています。現在はブラザーによる世界的に有名な陶芸作品等も造られていますが、今も目に見える形で貧しい共同体です。ブラザー・ロジェは、貧しさに留まることについて、「キリストの再来を喜びのうちに待ち望むこと、そして日ごとの糧を欠く世界中の人々と心から連帯することである」と書いています。

テゼ共同体の祈りや生活には、様々な教会の伝統が取り入れられています。テゼで行われている典礼（礼拝と祈りのスタイル）は、聖書の学びを大切にしながら、多くの言葉を「語ること」よりも「耳を傾けること」に重点が置かれます。テゼの典礼は、私たちの立場からは儀式的に映るかもしれません。しかし、それは背景を異にする者たちが、沈黙のうちに神のことばに聴き、祈りのうちに信仰の源泉につながりながら、五感（視覚、聴覚、臭覚、味覚、触覚）をとおして、神の恵みに触れる体験的で身体的な言語なのです。

テゼ共同体で作られる賛歌は世界中で歌われており、日本の新しい讃美歌集にも採り入れられています。聖書からとられた短い言葉にシンプルなメロディーをつけたテゼの賛歌は、みことばを味わいつつ、繰り返し思い巡らしながら歌うことによって、神との交わりの中に入る祈りの歌です。初期の作曲者のひとりは、「始まりと終わりが予測できない柔軟な時間の中で、聖霊が働く空間が創出され、祈る者が『ただ神の前で時を過ごす』ことができる」と語ります。

テゼ共同体の使命は、キリスト者間の和解にとどまるものではありません。テゼはキリスト者の和解が、人と人との和解、国と国との和解、そして地上における平和のパン種となることを願っています。テゼ共同体は、神を信じる者だけでなく、信じることができない若者をも惹きつける場所になりました。

Ⅱ　テゼ・若者たちの巡礼地

「泉のわきを通っていくように、人はテゼを通り過ぎていきます。旅人はここで立ち止まり、喉の渇きを潤し、そしてその旅を続けるのです。」（教皇ヨハネ・パウロ二世）

一九五七〜五八年以降、ヨーロッパ全域からテゼを訪れる若者が増えて来ました。ブラザー・ロジェは、第二次世界大戦終結後、世界を二分した東西冷戦の時代も、東ヨーロッパの国々の人々ときわめて慎重に密接な関係を築いていました。そして、一九八九年に国境が開かれると、東ヨーロッパからテゼを訪れる青年たちの数はますます増えました。現在、年間を通じて世界中から毎週数千人の若者が巡礼地としてテゼを訪れます。夏になるとテントが立ち並び、ピーク時には一万人近い訪問者があると言われます。

多くの若者は、テゼの生活の一サイクルである一週間滞在します。その期間、一日に三回、すべての人が、テゼの丘に立つ「和解の教会」に集まり、共に祈りと賛美をささげます。ブラザーのひとりが導く聖書の学びと、それに続く小グループでの分かち合いのプログラムに参加するとともに、掃除、食事の配膳や歌の奉仕（聖歌隊）などのワーク・グループに所属して役割を担います。夜の祈りでは、何人かのブラザーたちが聖堂に残り、個人的な悩みや質問を持つ人々に耳を傾けます。完全な黙想の生活を希望する若者は、そのために設けられている区域に宿舎を移動し、沈黙の中で生活することもできます。その間、毎日ブラザーが聖書の学びを個別に導き、また一人ひとりに耳を傾けます。テゼ共同体は、男子修道会ですから、巡礼者が女性の場合は、カトリックの伝統的な修道会に属しているシスターが導きます。彼女たちは、一九六六年以来、テゼ村ではなく隣村に住んで、テゼ共同体の働きをブラザーたちと共に担っています。

一週間の一サイクルにおける滞在では、若者は必ず主の過越を経験します。毎週金曜日にはキリストの十字架の死を思い起こす「十字架を囲む祈り」があります。大きな十字架が聖堂の中央の床に横に置かれ、だれでも望む人は、その周りに来て座り、沈黙のうちに祈ります。土曜日の夜には、ろうそくの光とともにキリストの復活を喜び祝う「光の祭り」という祈りの時間があります。そして、それは日曜日の「ユーカリスト」(ミサ、聖餐)へと続きます。このようにして巡礼者は、信じる者たちの共同体において、キリストの福音を体験するのです。

テゼでの集いやテゼ共同体が全世界で主催する祈りの集会は、「地上における信頼の巡礼」と呼ばれます。それらの集いは、十七歳から二十九歳までの若者（ヨーロッパ大会は三十五歳まで）を対象としています。参加にあたっては、信仰や教派など年齢以外の条件は問われません。テゼでの集会では、時期により三十歳以上の人々や家族連れも参加できます。

毎年年末年始にヨーロッパの主要都市で開催される青年大会には、何万人もの若者が世界中から集います。参加者は、開催都市のホストファミリーに迎えられ、一日三回の祈りの生活を過ごします。祈りのほかに、信仰、芸術、政治、社会、経済などの多岐にわたるテーマのワークショップが設けられ、希望のものに参加します。大晦日には、それぞれの参加者を迎え入れた教会で深夜の祈りが持たれ、参加者は祈りの中で新年を迎え、引き続き行われる国際交流パーティーで新年を祝います。

一九八四年、教皇ヨハネ・パウロ二世は、テゼのヨーロッパ大会に触発されて、カトリックの青年世界大会「ワールドユースデー」を開催します。そこに「十字架の道行き」の祈りを導くために、ブラザー・ロジェとマザー・テレサが招かれました。以来、テゼ共同体は、ワールドユースデーに協力しています。

「地上における信頼の巡礼」は、アジアの諸都市でも行われています。二〇一一年にはモスクワで開催され、翌年二〇一二年は紛争の傷跡に苦しむルワンダの首都キガリで行われました。日本では、一九七八年にブラザーが初めて派遣されました。一九八八年からはテゼと連帯しながら、テゼの賛歌と祈りのスタイルで祈る「黙想と祈りの集い」が、東京を中心として、各地で行われています。

二〇〇五年テゼの夕べの祈り会において、ブラザー・ロジェは、テゼを訪問中だった精神を患う女性に刺され、ほどなく天に召されました。九十歳の生涯でした。その葬儀において、後継者のブラザー・アロイスは次のように祈りました。「善なる神、わたしたちは、病によって、ブラザー・ロジェの人生に終止符を打った女性をあなたの赦しにゆだねます。十字架のキリストとともに、わたしたちは祈ります——父よ、彼女をお赦しください。彼女は何をしているのか知らないのです。」

「イエスの無垢さが人々の心をかき乱したように、解決できない葛藤を心に抱える人にとって、無垢さは耐え難いものである。ブラザー・ロジェは、自らが守っていた主張のゆえに死んだのではなく、ありのままの無垢さのゆえに死んだのだ。」（ブラザー・フランソワ）

死の日の午後、ブラザー・ロジェはブラザーのひとりを呼んで、「これから語る言葉をよく書き留めるように」と言いました。長い沈黙の後で、彼はこう語り始めました。「わたしたちの共同体が、人類の中で広げていく可能性を創り出していくかぎり……」、ここで言葉が止まりました。あまりに疲れていて最後まで言い終えることができなかったのです。「広げていく」という師の言葉を、ブラザー・アロイスは、このように受けとめました。

「神は例外なくすべての人を愛しておられるということが、もっと一人ひとりに明らかになるように、可能なことすべてを、あらゆる人々に行いなさいと。彼は小さな共同体テゼが、その日々の生き方と他者への謙遜な関わりを通して、この愛の神秘を明らかにするように願っていました。わたしたちブラザーは、この使命を引き受けようと思います。全世界で平和を求めるすべての人々と共に。」

＊よく検証された「ウィキペディア」の関連項目に多くを依拠しました。ブラザー・ロジェによるテゼ共同体の規律「共同生活を可能にする基本」については、『テゼの源泉——これより大きな愛は亡い』（ドン・ボスコ社）を、ブラザー・ロジェの生涯と働きに関しては、『愛するという選択——テゼのブラザー・ロジェ　1915—2005』（サンパウロ）をお読みください。

第21章　真の共同体のしるしと挫折の原因
——過去をふりかえり将来を見る

本書の「はじめに」に、筆者はキリスト教生活共同体に関する歴史の旅の目的を次のように記しました。

　キリスト教会の歴史において、その時代に主流をなす制度的教会が宗教化・世俗化して閉塞したとき、神は社会の荒野に預言者を立て、神の国を生きる共同体を興すことを繰り返して来られました。……この歴史の旅の目的は、時代の断層を貫いて流れる霊の地下水につながる生活共同体を通して、神が人類の歴史になさっている贖いのみわざを見定めながら、私たちが「異なる者がキリストにあって互いに愛し合ってひとつになる」という神の創造目的に生きる信仰と知恵を学ぶことにあります。

聖書篇（四章）、実践編（十六章）を経て、最後にキリスト教生活共同体の歴史をかえりみながら、「真の共同体のしるしと挫折の原因」を考えて、将来への指針としたいと思います。

I　真のキリスト教生活共同体のしるし

(1)　神の愛と人間相互の愛

「心を尽くし、いのちを尽くし、知性を尽くし、力を尽くして、あなたの神、主を愛しなさい。……隣人を自分自身のように愛しなさい」（マルコ12・30、31）。

神を愛する交わりと、その交わりからいただく愛がまずあり、そこから隣人への愛が流れ出ます。聖霊によって新しく生まれ、みことばと祈り、礼拝と静まりに生きるのでなければ、生活共同体はただの社会的サロンになり挫折します。

(2)　聖さ（人を分け隔てしない完全さ）

「あなたがたの天の父が完全であるように、完全でありなさい。」（マタイ5・48）、「聖さがなければ、だれも主を見ることができません。」（ヘブル12・14）

「完全さ」や「聖さ」を語るこれらの聖句は、いずれも道徳的に完璧であることではなく、人を分け隔てしないことに結びついています。「神は人を分け隔てなさいません」（ガラテヤ

2・6）とある通りです。信仰共同体においては、義と認められることに留まるのではなく、「愛によって働く信仰」（ガラテヤ5・6）、すなわち「義という平和の実を結」ぶ（ヘブル12・11。Ⅱコリント9・10、ピリピ1・11）ことが求められます。

（3）主の弟子となること

イエス・キリストは、私たち一人ひとりが天国に行くための罪からの救い主であるだけではなく、私たちが互いに愛し合って生きるために模範として従うべき主であり、ひざまずくべき王です。

そのために弟子となる訓練は、小グループでの人との関わりの中でなされます。弟子訓練は、信徒の管理や教勢拡大を目的とするものではなく、天の父に似るように召された神の子として愛し合うための共に生きる生活の中での訓練です。すべてのことを愛をもってなすとき、一人ひとりと共同体は愛のうちに成長します。

（4）分かち合い

すべての持ち物は聖徒の愛の交わりにおいて共有されます。日常的には、愛餐（アガペー）の食卓は分かち合いの場です。分かち合われるのは、財産や食物だけではありません。それぞれの時間や思いも分かち合われます。心の奥にある思いを分かち合うことは、制度的に財産を共有するよりも、はるかに深く、難しいことです。

（5）秩序のための仕組み

共同体は制度や仕組みなしには存続できません。イエスも「新しい皮袋」（秩序の仕組み）の必要を説かれました（マタイ9・17）。私たちは、愛し合うために常に新しく組み合わされる必要があります。そこに大きな困難があります。

多くの信仰共同体は、組織化されすぎて行き詰まり（息づまり）消滅しました。「組織ならざる組織」のための秘訣は、聖霊による集合的な知恵にあります。各自に与えられた御霊の賜物は、共同体の仕組みにおいて用いられます。「援助する者」や「管理する者」は、「預言者」「教師」「癒やしの賜物」と同じリストの中にあげられています（Ⅰコリント12・27〜29）。援助する者や管理する者の働き（会計や法律に関わる働きも含んで）も、預言者や教師の働きと同じように、人間の能力や経験によってなされるのではなく、聖霊によって、神の御手にあって進められるのです。

（6）権威

現代は権威を厭う傾向があり、教会は権威の行使を控えがちですが、信仰共同体に権威は不可欠です。主イエスが言われたように、上に立つ者の真の権威は、横暴な支配にあるのではなく、自己犠牲の愛をもってしもべとして仕えることにあります（マタイ20・25〜28）。指導者は、兄弟姉妹の傍らにあって、思いをひとつにして、神のみこころに沿って柔和な心で相手を正します。

権威は強い指導力と教育力を持たねばなりません。「幻がなければ、民は好き勝手にふるまう」(箴言29・18)とある、その幻を示すのは指導者の役割です。

(7)預言者的な指導者

共同体の指導者には預言者であることが求められます。指導者の言葉は、バビロン(この世)に生きる神の民に向けられ、この世の偶像(物質主義、富、野心、快楽追求)を名指しにして、そこから離れることを民に求めます。それによって民の心は突き刺され、聖められ、真の祝福を知るのです。

(8)証しの生活

共同体はキリストを証しします。私たちは、この世の囚われから解放されて、この世とはまったく異なる愛し合う社会を形成するために召されました。それが私たちの第一の証しです。伝道、貧困者への援助、政治的改革等は、私たちが神の国の市民として、徹底してイエスに従う内なるいのちによってなされます。

Ⅱ　失敗と挫折の原因

（1）初めの愛と初めの業の喪失

信仰共同体が消滅する主たる理由はここにあります。サタンは生温さと怠惰の種を蒔きます（黙示録2・4、5）。そこで必要とされるのは、主イエスに熱心に応答する心であり、その心は兄弟姉妹に対する真の愛に表されます。

（2）過度の組織化

過度の組織化は皮袋から柔軟性を奪います。制度的な管理は、共同体に霊性の枯渇をもたらします。

（3）肉に抗することの失敗

「羊の皮を身にまとった貪欲な狼」（マタイ7・15）に惑わされた信仰共同体は少なくありません。この種の失敗の中核には水で薄められた耳障りの良い人間的な愛があります。

（4）文書の書き過ぎ

あるグループは、自分たちに対する批判に対抗する文書を発行し過ぎて、霊的にも財政的にも衰退しました。

（5）不健全な財産管理

持ち物の共有は、公平性と円滑な支払いを生みますが、そのためには持続した収入が必要です。あるグループは有給の仕事に就くことを恐れるあまり、財政破綻を来たし解散しました。

（6）結婚の拒否

あるグループは、独身主義をうたい結婚した人々を受け入れませんでした。既婚者を離婚させ、メンバーの結婚を禁じたグループもあります。独身はより良いもので、独身者は主のことに心を遣うことができます（Ⅰコリント7・32〜34、38）。しかし、結婚はなお尊ばれるべきことであり（ヘブル13・4）、それを禁じることは「悪霊の教え」（Ⅰテモテ4・1、3）です。結婚を禁じたために、新しい世代が形成されず消滅した共同体があります。

（7）この世と関わりすぎること

ある共同体は、この世を変革することに非常に熱心であったために、霊的な生命力を喪《うしな》いました。共同体を創り出す源泉である主こそが共同体生活の中心基盤でなければなりません。

（8）弟子訓練の欠如と預言者的指導者の不在

幻を欠くために弱体化する共同体があります。また多くの共同体は、創設者である指導者の死の後、その力を引き継ぐ者がいませんでした。エリヤはエリシャを、パウロはテモテやエパフラスやテトスを将来の共同体を導く後継者として育成しました。

（9）伝道熱心であり過ぎること

伝道に熱心なあまり個人の霊性の養いや共同生活での関わりを疎かにすることは、共同体のいのちを損ないます。

です。

(10) 閉鎖的であり過ぎること

あるグループは「世に属していない」ということを強調し過ぎて、イエスが弟子たちを「世に遣わす」ために彼らを召されたことを見過ごしました。修道院的な閉鎖性は神のみこころではありません。私たちは、世にいる人々を愛するために、世に遣わされる民として召されたのです。

(11) 不満の蓄積

誰もが共同体に完全さを求め、自分の属する共同体がそうでないことを知ると不満を感じます。「キリスト者の交わりはすべて、それが一つの理想像から出発して生きたために、何回となく崩れ去った。……すべてのこのような幻想を速やかに打ち砕いて下さるのは神の恵みである。……キリスト者の交わりそれ自身よりも、キリスト者の交わりについての自分の夢を愛する者は、たとえ個人的には正直で、真面目で、犠牲的な気持ちで交わりのことを考えたとしても、（結局は）すべてのキリスト者の交わりの破壊者となるのだ。」（ディートリッヒ・ボンヘッファー『共に生きる生活』新教出版社）

(12) 指導者のプライド

これはいつの時代にもある共同体の大きな敵です。創始者はしばしば「パパ様」のようになり、その死の後も聖人のように崇拝されます。この人間中心の危険は絶えずあります。

聖霊が共同体に行き巡ると、この落とし穴を避ける狭い道を示されます。信仰共同体は「かしら（であるキリスト）にしっかり結びつ」いている（コロサイ2・19）かぎりにおいて、聖霊にあって健全に機能します。主はエルサレム教会のようにすべてのものを分かち合う光栄をお与えになります。「教会は……全地にわたり築き上げられて平安を得た。主を恐れ、聖霊に励まされて前進し続け、信者の数が増えていった。」（使徒9・31）

Ⅲ　むすびとひらき

キリスト教生活共同体の歴史の旅をしながら、執筆者には二つの思いと願いがありました。ひとつは、本書を読んでくださる方が、神様はその時代の教会が制度化し閉塞状態に陥ったとき、いつも時代の荒野に徹底して主に従おうとする預言者とその信仰共同体を興されたことを知っていただきたいということです。そういう制度的教会の観点から見てセクト的な群れは、しばしばその時代の正統派からは異端視されたり、カルトと見做されました。しかし、新しい時代の神の歴史につながる活ける水の流れが、荒野に湧き出た小さな泉から流れ出ることも多かったのです。そのいのちの水は、地下水のように神の歴史を貫いて流れ、今も時代の荒野に湧き出ます。

もうひとつ、知っていただきたかったことがあります。それはブルーダーホフの創始者エバハルト・アーノルトの次の言葉が語ることです。「ひとつのコミュニティーがその独自の務めを認識すればするほど、自分たちが『ウナ・サンクタ』（ひとつの聖なる教会）に属さなければならないことを深く意識するようになる。ひとつのコミュニティーはより大きな有機体の一部であるから、からだ全体に仕えることから生じるへりくだった交わりを必要とする。」（『なぜ私たちは共同体で生活するのか』私訳）

お読みいただいた方々に感謝します。この歴史の旅のむすびは、私自身にとって新しい旅立ちへのひらきです。

＊本章は、Trevor J. Saxby, *Pilgrims of a Common Life*（Herald Press, 1987）に梗概を依拠しつつ、筆者なりに内容を書き換えました。

あとがき

二〇一三年八月から二〇二〇年九月まで、日本キリスト召団（恵泉塾）の定期機関誌「波止場便り」（二四〜四五号）に「キリスト教生活共同体の歴史」という二十二回の連載を執筆しました。本書は、その内容を書籍として編集したものです。

福音派教会における半世紀余りの自分の歩みを振り返るとき、キリスト者の社会的責任、霊性、そして共同体生活と新たな福音宣教という三つの目覚めの節目があったように思われます。そこで社会的責任は霊性を求め、霊性は観念としてではない共同体（言葉と生活の身体性）を求め、そこに福音宣教としての現在の私の立ち位置と共同体生活があります。すなわち、三つの目覚めは、私の信仰と精神において確かな地層を形成していて、その地層を貫いて霊的地下水が流れ、泉として湧き出るのを感じています。

機関誌に掲載されたラルシュ共同体に関する稿は、本書においては省かざるを得ませんでした。ラルシュの創始者ジャン・バニエ（一九二八〜二〇一九）の死後に、彼に関する醜聞がラルシュ・インターナショナルによって明らかにされました。バニエがラルシュの草創期から、彼の霊的な父であるトマ・フィリップ神父が始めた障がいを持たない複数の成人女性との同意に基づく性的関係の実践を共有していたこと、そして、霊的指導に伴うその行為は、バニエの生涯において長きにわたって続いたが、バニエはそれを否定したり、黙して語らなかったというとです。どのような理由があろうとも、バニエによる性的虐待の事実は否定できず、そこに心傷ついた被害者女性たちが存在します。

私にとって、ジャン・バニエとその著作は、深い尊敬と信頼の対象でした。バニエという名は、ヘンリ・ナウエンとも結びついて、私の信仰の旅路において重要な精神の地層を形成しています。そこから湧き出る霊の水を飲むことによって、私は最初の牧会の燃え尽きから立ち上がり、魂を養われ、また個人主義的な信仰から共同体的霊性に導かれて来ました。友人と起こした出版社から、バニエの二冊の講話集を出せたことはささやかな誇りでもありました。本書の主題であるキリスト教生活共同体の大切さに目を開いてくれたのはジャン・バニエであると言っても過言ではありません。

そういう私にとって、ラルシュ共同体について書くことは、ジャン・バニエとその思想について書くことであり、それは連載の中でも最も心に親密に感じられるものでした。しかし、私はいまだなおバニエをめぐる醜聞の事実に向き合えないでいます。現代社会で共同体を生きるということについて、バニエの著作はかけがえのない知恵の泉ですが、私はバニエを読めなくなりました。ラルシュ・インターナショナルは、被害者の申し出により、第三者機関に委託して、神話化された創始者と歴史に対する徹底した検証を行い、その結果を公にしました。それもまた傷ついた小さき者を大切にするラルシュの価値観によることです。創始者のカリスマに依存する共同体であれば、かたくなに事実を隠蔽するか、共同体は消滅したでしょう。ラルシュは、事実に向き合い、それを共有し、互いの愛によって深い傷を癒やされながら前進しています。そこにラルシュの心と活きたからだとしての構造（交わり）と成熟があるのでしょう。それは本書の主題においてきわめて本質的な課題です。しかし、バニエを読めない現時点の私の良心と立ち位置からは、本書全体のバニエからの引用を含めて、ラルシュ共同体に関する章を省く決断をせざるを得ませんでした。

キリスト教生活共同体を紹介するに際しては、多くの文献のほか、英文の Wikipedia や現存する共同体に関しては、ホームページ等のネット情報を参照しましたが（時にそれらに大幅に依拠した場合もあります）、本書は学術書ではないので、参考文献表を掲げたり、細かな引用注記をつけることはしていません。アナバプテスト系の生活共同体については、榊原巌氏の先駆的な仕事を参照したことを記しておきます。その他、通史として依拠したものとして、左記の文献を挙げておきます。

Kauffman Ivan J., *"Follow Me"*, *A History of Christian Intentionality*, Cascade Books, 2009.
Peters Greg, *The Story of Monasticism, Retrieving Ancient Tradition for Contemporary Spirituarity*, Baker Academic, 2015.
Saxby Trevor J., *Pilgrims of a Common Life, Christian Community of Goods Through the Centuries*, Herald Press, 1987.
Sitsser Gerald L., *Water from a Deep Well, Christian Spirituality from Early Martyrs to Modern Missionaries*, IVP, 2007.
井上政己監訳『キリスト教2000年史』いのちのことば社、2000年

機関誌「波止場便り」の連載を書籍化することを快く許可してくださった文泉書院に感謝いたします。また著者に寄り添って編集の労をとってくださったいのちのことば社の根田祥一氏にも心からの感謝をささげます。

「やみ空に　ひわりのいずみ　あふれ出す」（押田成人）

二〇二一年九月

後藤敏夫

神の国を生きる
キリスト教生活共同体の歴史

2021年 10 月 31日　発行

著　者　後藤敏夫
印刷製本　日本ハイコム株式会社
発　行　いのちのことば社
〒164-0001 東京都中野区中野2-1-5
電話 03-5341-6922（編集）
03-5341-6920（営業）
FAX03-5341-6921
e-mail:support@wlpm.or.jp
http://www.wlpm.or.jp/

ISBN 978-4-264-04298-3